SMOOTHIES,
SHAKES & POWERDRINKS

ASTRID BÜSCHER

Stiftung Warentest

> S. 36

> S. 43

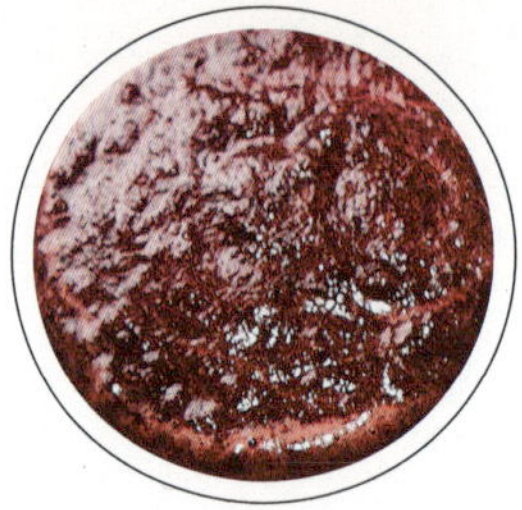

> S. 44

> S. 60

> S. 68

> S. 89

> S. 104

> S. 104

> S. 118

> S. 124

> S. 127

> S. 131

> S. 149

> S. 160

> S. 163

> S. 171

INHALT

BUNT IST GESUND!

Mehr Obst und Gemüse zu essen – klar, das ist ein exzellenter Vorsatz. Und mit unseren Smoothies klappt das auch. Einfach den Pürierstab zücken oder den Standmixer anwerfen und ganz leicht auf den gesunden Geschmack kommen. Schließlich holt man sich mit den farbenfrohen Zutaten neben einer Fülle von verführerischen Aromen auch Vitamine, Mineralstoffe und ein paar Tausend nützliche Biostoffe ins Glas.

Das Wort »Smoothie« bedeutet glatt, weich und cremig, und tatsächlich sind die flüssigen Fruchtsnacks echte Gaumenschmeichler. Die Idee, ganze Früchte zu pürieren, stammt aus Amerika. Das große Plus: Anders als bei Säften gelangen alle Nähr- und Vitalstoffe der Früchte komplett ins Glas, nichts geht verloren. Im Gegenteil, fein zerkleinert, werden die wertvollen Inhaltsstoffe vom Körper besonders leicht aufgenommen.

Rohkost zum Trinken

Wenn Sie also nicht gerne in einen Apfel beißen, werden Sie wahrscheinlich zum Smoothie-Fan, sobald sich die frische Frucht in einen warmen Bratapfeldrink verwandelt oder mit Melone gemixt als Durstlöscher vor Ihnen steht. Reifen die Bananen mal wieder zu lange in der Obstschale, wird daraus im Handumdrehen eine heiße Bananenmilch mit Safran oder ein sanfter Schoko-Bananen-Drink mit Orangensaft. Mit wenigen Handgriffen entstehen neue Lieblingsgetränke und mancher Gemüsemuffel kommt plötzlich auf den »grünen« Geschmack.

Ganz frisch: Vitaminsnacks für Kids & Co.

Wie oft können Eltern schier verzweifeln, wenn der Nachwuchs beim Anblick von Obst das Gesicht verzieht, gekochtes Gemüse zur Seite schiebt oder lustlos daran herumpickt. Serviert man den kleinen Genießern allerdings einen farbenfrohen, cremigen Shake mit einem Strohhalm, bekommt man sie leicht herum, in das gesunde Programm miteinzusteigen. Auch für Gäste gehört ein frisch gemixter Fitnessdrink zum absoluten Verwöhnprogramm.

Und es ist gar keine so magische Angelegenheit. Jeder kann zum Smoothie-Spezialisten werden. Denn schneller als jeder Obstsalat steht ein frischer Obst- oder Gemüsemix auf dem Tisch. Schließlich müssen die meisten Zutaten nicht lange geputzt werden und landen nach dem Waschen direkt im Mixer. Und mit den richtigen Kräutern und Gewürzen wird man zum experimentierfreudigen Fachmann.

Die sanften Selbstgemachten

Wer regelmäßig Smoothies trinkt, der bereitet sie sich am besten selber zu. So versorgen Sie Ihren Körper mit dem vollen Gehalt an Vitaminen, Mineralstoffen und sekundären Pflanzenstoffen, deren Bedeutung die Wissenschaft nicht genug hervorheben kann. Nebenbei gibt es meist noch eine ansehnliche Menge an Ballaststoffen, sodass Sie nach dem Genuss eines Smoothies lange satt bleiben.

Außerdem haben Sie die Wahl der Zutaten selbst in der Hand: Wer Bioware bevorzugt, wer Bananen nicht mag oder allergisch gegen Aprikosen ist, muss nicht lange auf abgepackten Fläschchen die mikroskopisch kleine Schrift entziffern – Sie kaufen ein, was Sie mögen und mixen sich im Handumdrehen einen frischen, gesunden Snack. Ein selbst gemixter Smoothie aus knackfrischem Obst ist natürlich die beste Alternative. Aber auch Trockenfrüchte, Tiefkühlobst, ungesüßte Fruchtpürees und Fruchtsäfte bieten gesunde Abwechslung für diejenigen, die nicht häufig einkaufen können. Auch für die Wintermonate, in denen man nur eine geringe Auswahl an frischer Ware hat, sind diese Produkte geeignet.

Smoothies aus dem Kühlregal

Das Angebot im Supermarkt ist riesig: kleine und große Fläschchen und Kartonverpackungen füllen die Kühlregale. Häufig werden sie auch direkt in der Obst- und Gemüseabteilung angeboten. Aber genaues Hinsehen ist Pflicht! Die Haltbarkeit von gekühlten Smoothies ist mit nur wenigen Tagen sehr kurz. Selbst bei sachgemäßer – also kühler und dunkler – Lagerung reduziert sich in diesen Tagen der Vitamingehalt ständig. Deshalb lohnt der Blick auf das Mindesthaltbarkeitsdatum.

Und die Zutatenliste entlarvt manchen Werbetrick, denn Drinks mit exotischen Namen oder solche, auf denen ausgefallene Früchte abgebildet sind, enthalten häufig nur geringe Mengen der angegebenen Früchte. In der Zutatenliste müssen die Namen gebenden Früchte nicht nur genannt werden, der Hersteller muss auch den prozentualen Anteil dieser Früchte angeben. Wer das Etikett der Fruchtgetränke studiert, bemerkt bald, dass der Löwenanteil der meist teuren Produkte aus preiswerteren Zutaten wie Orangen-, Apfel- oder Traubensaft und vor allem pürierten Bananen besteht.

GUT ZU WISSEN

- Gekühlte Smoothies schmecken am besten, deshalb alle Zutaten direkt aus dem Kühlschrank in den Mixer geben. Auch Tomaten oder Bananen, die eine längere eiskalte Lagerung übelnehmen, kann man problemlos für ein paar Stunden in den Kühlschrank legen.
- Wer auf ultracoole Erfrischung setzt, mixt immer ein paar Eiswürfel mit. Gefrorene Früchte oder Eiswürfel aus Fruchtsaft erweitern das Repertoire.
- Gleichmäßige Cremigkeit erzielen Sie, wenn Sie zunächst die Fruchtstückchen nur mit einem Teil der Flüssigkeit mixen. Erst dann den Rest der flüssigen Zutaten zugeben und auf hoher Stufe kurz aufmixen.
- Wie fest oder flüssig ein Smoothie sein sollte, davon hat jeder eine andere Vorstellung. Geben Sie ruhig mehr oder weniger Flüssigkeit als im Rezept angegeben dazu, wenn es Ihnen so besser schmeckt. Denn die Cremigkeit der Drinks wird durch den Reifegrad und die Größe der Früchte beeinflusst. Es handelt sich eben um Naturprodukte. Je nach Rezept wählen Sie zum Verlängern der Drinks Tee, Saft, Milch oder Mineralwasser und mixen den Drink noch einmal kurz durch.
- In einem gut schließenden Kunststoffgefäß oder einem Thermobecher bieten sich viele Getränke als gesunder Pausensnack für Schule und Beruf an.

VON A BIS Z – DIE WICHTIGSTEN ZUTATEN FÜR KÖSTLICHE SMOOTHIES

Beim Mixen von Smoothies sind der Fantasie keine Grenzen gesetzt. Nur auf eines kommt es an: dass die Zutaten hochwertig und frisch sind. Dann liefern sie eine Fülle von Vitaminen und Mineralstoffen, die sich positiv auf Körper und Wohlbefinden auswirken. Daneben bieten Obst und Gemüse, die Hauptzutaten unserer Rezepte, eine nahezu unüberschaubare Anzahl bioaktiver Substanzen, sogenannte sekundäre Pflanzenstoffe. Sie besitzen vielfältige gesundheitsfördernde Wirkungen. Erfahren Sie hier, was in den wichtigsten Smoothie-Zutaten steckt und worauf Sie bei Einkauf, Lagerung und Verarbeitung achten sollten.

Äpfel

Bio-Fakten: Der Deutschen liebstes Obst hilft Ihnen mit vielen Mineralstoffen und Vitaminen, für Ihr Wohlbefinden zu sorgen und Stoffwechsel und Blutdruck in Balance zu halten. Sie sind kalorienarm und sättigend, der enthaltene Mix aus verschiedenen Ballaststoffen bietet ein Gesundheitsplus: Wer täglich einige Äpfel isst, kann durch die Mischung aus löslichen und unlöslichen Ballaststoffen seinen Cholesterinspiegel senken. Überdies schützen Flavonoide wie der Pflanzenfarbstoff Quercetin Herz und Kreislauf und stärken das Immunsystem.

Einkauf: Apfelerzeuger lagern ihre Früchte in Hallen mit kontrolliertem Klima. Das verzögert das Nachreifen der Früchte und hält sie frisch, sodass man auch einheimische Früchte bis ins Frühjahr hinein in guter Qualität kaufen kann. Gelagerte Äpfel entwickeln ihr volles Aroma oft erst, nachdem sie ein Tag bei Zimmertemperatur aufbewahrt wurden. Danach verbraucht man sie am besten innerhalb einer Woche.

Praxis-Tipp: Die meisten Ballaststoffe und Flavonoide sitzen in der Apfelschale. Wer sich nicht vor ein paar Schalenstückchen im Smoothie scheut, schält die Früchte nicht, sondern schneidet nur das Kerngehäuse heraus. So bleiben alle wertvollen Inhaltsstoffe erhalten.

Avocado

Bio-Fakten: Avocados unterscheiden sich von anderen Früchten durch ihren ungewöhnlich hohen Gehalt an wertvollen Pflanzenfetten. Damit ist die buttrig-cremige Frucht eine perfekte Zutat für gehaltvolle Smoothies, sie sättigt und bringt fettlösliche Vitamine mit sich, die man in anderen Obst- und Gemüsesorten vergeblich sucht. Je nach Sorte schwankt der Fettgehalt von Avocados zwischen 10 und 25 Prozent.

Einkauf: Für Smoothies braucht man weiche Früchte, die aber selten angeboten werden. Deshalb muss man vorplanen: Harte, unreife Avocados reifen bei Zimmertemperatur in etwa zwei bis zehn Tagen nach. Etwas schneller geht es, wenn man Äpfel und Avocados zusammen lagert, dafür sorgt das Reifegas Ethylen.

Praxis-Tipp: Wer spontan einen Smoothie mixen möchte, bittet den Gemüsehändler um reife Früchte. Sie werden auch unter dem Begriff »ready to eat« angeboten, sind aber oft etwas teurer.

Bananen

Bio-Fakten: Nicht ohne Grund gibt man schon Babys Bananen zu essen: Sie sind besonders bekömmlich und machen auf angenehme Weise satt. Der Fruchtzucker sorgt für schnelle Energie und die besonders bei leicht grünen Bananen enthaltene Stärke bietet eine anhaltende Sättigung. Die beliebten Früchte liefern zwar nicht viele Vitamine, unterstützen aber den Mineralstoffhaushalt mit Kalium und Magnesium.

Einkauf: Meist haben Sie im Supermarkt nur die Wahl zwischen reifen und unreifen Früchten. Vollreife Bananen sind rundherum gelb, kleine braune Flecken sind Anzeichen dafür, dass die Früchte baldmöglichst verbraucht werden sollten. Greifen Sie zu, wenn die kleinen, besonders aromatischen, kanarischen Bananen angeboten werden. Grüne Früchte eignen sich für den Vorrat. Lagern Sie diese bei kühler Zimmertemperatur. Im Kühlschrank verlieren sie dagegen an Geschmack und reifen nicht nach.

Praxis-Tipp: Je reifer die Bananen, desto süßer sind sie. Nutzen Sie für Ihre Smoothies daher möglichst gelbe Bananen. Der Vorteil: Sie können auf zusätzliche Süßungsmittel verzichten.

Beeren

Bio-Fakten: Es gibt viele unterschiedliche Beeren. Aber ob nun Himbeeren, Erdbeeren, Stachelbeeren oder Johannisbeeren – die kleinen Früchte mit den vielen Biostoffen gehören zu den gesündesten Obstarten überhaupt. Blaubeeren, Brombeeren und schwarze Johannisbeeren etwa glänzen durch ihren hohen Gehalt an Anthocyanen. Diese Gruppe von blau gefärbten Biostoffen unterstützt einen gesunden Zuckerstoffwechsel, schützt Zellen und fördert die Regeneration von Muskelfasern. Spitzenreiter in Sachen Ballaststoffen: Himbeeren und Heidelbeeren. Sie enthalten etwa 5 Gramm pro 100 Gramm.

Einkauf: Einheimische Beeren gibt es nur im Sommer. Glücklich sind alle, die einen Garten haben und sie frisch ernten können. Bei Gelegenheit probieren Sie es unbedingt mal mit Wildheidelbeeren. Sie sind zwar teurer als die helleren Kulturheidelbeeren, dafür aber aromatischer und nährstoffreicher. Alle Beeren sind druckempfindlich und verderben schnell. Also vorsichtig nach Hause tragen und möglichst rasch verbrauchen.

Praxis-Tipp: Smoothie-Fans kaufen nach der kurzen Saison tiefgekühlte Beeren in guter Qualität. Das ist doppelt nützlich: Sie bekommen gute Ware und nutzen das gefrorene Obst gleichzeitig zum Kühlen der Drinks.

Birnen

Bio-Fakten: Birnen sind ausgesprochen bekömmliche, milde Früchte. Sie enthalten weniger Säure als die meisten Obstsorten. Auch wer unter einem empfindlichen Magen leidet, verträgt sie meistens gut. Ihr Kaliumgehalt sorgt für Balance im Flüssigkeitshaushalt, Flavonoide stärken das Immunsystem und senken das Risiko für Arterienverkalkung.

Einkauf: Für Smoothies dürfen Birnen ruhig superreif sein. Solche Früchte bekommt man oft im Sonderangebot. Harte Birnen reifen innerhalb von wenigen Tagen nach. Sie sollten rasch verbraucht werden. Je nach Sorte werden überreife Früchte mehlig oder faulen von innen, sodass man es ihnen äußerlich nicht ansieht.

Praxis-Tipp: Manche Birnensorten haben eine harte, raue Schale. Wer sich daran stört, schält die Früchte. Besser ist jedoch, den vollen Gehalt gesunder Inhaltsstoffe zu nutzen. Ein Spritzer Zitronensaft unterstützt bei Birnensmoothies den ausgewogenen Geschmack und verhindert, dass sich das Fruchtfleisch nach dem Anschneiden verfärbt.

Grünes Blattgemüse

Bio-Fakten: Aus Spinat, Rucola und Römersalat können herzhafte Smoothies werden. Die dunkelgrünen Blätter enthalten nicht nur Vitamin C und K, Folsäure und Betacarotin sowie die Mineralstoffe Kalium, Kalzium und Magnesium, sie stecken auch voller nützlicher Ballaststoffe – ein Mix, der das Immunsystem stärkt und hilft, freie Radikale abzuwehren. Mit Biostoffen wie Lutein und Zeaxanthin helfen grüne Blätter außerdem beim Vorbeugen altersbedingter Sehstörungen. Da diese Biostoffe sehr wärmeempfindlich sind, bleiben sie bei einem Smoothie am besten erhalten.

Einkauf: Dass man beim Einkauf knackfrische Ware bevorzugt, versteht sich von selbst. Immer mehr Supermärkte bieten die empfindlichen Blätter in der Kühltheke an. Das ist vor allen Dingen bei Spinat wichtig, denn innerhalb von zwei Tagen büßt er bei Zimmertemperatur bis zu 80 Prozent seines Vitamin C ein, im Kühlschrank sind es immerhin nur 30 Prozent.

Praxis-Tipp: Wer es eilig hat, nimmt tiefgekühlten Blattspinat ohne Würzmittel, Sahnesauce oder Käse. Ungewöhnlich, aber auch lecker: Radieschen-, Kohlrabi-, Rote-Bete- und Möhrengrün.

Gurken

Bio-Fakten: Gurken bestehen zu über 90 Prozent aus Wasser – perfekt zum gesunden Verdünnen von Smoothies. Gemessen an der geringen Kalorienzahl bieten Gurken eine beachtliche Menge an Vitaminen und Mineralstoffen. Bei nur 12 Kalorien pro 100 Gramm wird der Kalium- und Vitamin-C-Bedarf immerhin zu 10 Prozent, der Bedarf an Vitamin K zu 20 Prozent gedeckt – ein gesunder, kalorienarmer Durstlöscher.

Einkauf: Kleine Gurken sind aromatischer als besonders große Exemplare. Wer eine große Gurke nicht innerhalb weniger Tage verbrauchen kann, wählt Sorten, die nur etwa 100 bis 200 Gramm auf die Waage bringen. Frische Gurken haben eine feste Schale und geben auf Druck nicht nach. Leicht biegsame Gurken oder solche, die sich an Blüten- oder Stielansatz weich und schwammig anfühlen, besser liegen lassen.

Praxis-Tipp: Gerade bei Treibhausgurken werden immer wieder Pestizide auf der Schale nachgewiesen. Wer deswegen Bedenken hat, schält Gurken zur Sicherheit. Bioware kann in jedem Fall mit Schale verwendet werden.

Kräuter

Bio-Fakten: Schon kleine Mengen grüner Gewürze wie Petersilie, Schnittlauch, Dill und Basilikum bieten je nach Sorte reichlich Vitamin C und K, Betacarotin und Folsäure, Kalium oder Kalzium. Schwefelhaltige Substanzen und ätherische Öle verleihen den Kräutern nicht nur Duft und Aroma, sondern auch gesundheitliche Wirkungen, die gerade in einem Smoothie gut zur Geltung kommen. Denn durch das starke Zerkleinern im Mixer werden Biostoffe gut freigesetzt.

Einkauf: Ansehnliche Mengen an Vitalstoffen sind nur in frischen und schockgefrosteten Kräutern zu finden. Freilandware ist die beste Wahl. Außerhalb der Saison lohnt es sich, seine Lieblingskräuter auf der Fensterbank zu pflegen.

Praxis-Tipp: Zupfen Sie Kräuter immer erst direkt vor dem Verbrauch von den Stängeln und lassen Sie gehackte Kräuter nicht lange liegen. Aroma und Wirkstoffe verfliegen sehr schnell. Vom Lieblingskraut darf es natürlich immer auch ein bisschen mehr sein, als im Rezept angegeben.

Melonen

Bio-Fakten: Die wasserreichen Früchte liefern bei nur 30 bis 50 Kalorien pro 100 Gramm einiges an Vitamin C, Kalium und eine Reihe bioaktiver Substanzen. Experten sprechen bei solch figurfreundlichen Lebensmitteln von einer hohen Nährstoffdichte und empfehlen die leichten Magenfüller allen, die auf ihr Gewicht achten und gleichzeitig viele Nährstoffe essen wollen.

Einkauf: Bei Wassermelonen ist es von außen schwierig, festzustellen, ob die Frucht vollreif ist. Leichter fällt das bei aufgeschnittenen Früchten, da die Färbung des Fruchtfleisches die Reife anzeigt. Anders bei den Zuckermelonen: Die Reife von Cantaloupe-, Charentais-, Netz- oder Honigmelonen kann man erschnuppern. Sie duften fruchtig und intensiv. Weiche oder gar matschige Stiel- oder Blütenansätze sind ein Zeichen für überreife Früchte.

Praxis-Tipp: Durch den hohen Wassergehalt sind Melonen ideale Smoothie-Früchte. Direkt aus dem Kühlschrank schmecken sie besonders erfrischend. Angeschnittene Früchte bleiben in Folie gekühlt etwa zwei Tage frisch.

Milch, Milchprodukte

Bio-Fakten: Hochwertiges Eiweiß, Kalzium und Magnesium sowie – je nach Fettgehalt – eine mehr oder weniger große Menge der Vitamine A und D, das sind die Gesundheitsfaktoren von Milch und den daraus gewonnenen Produkten. Pluspunkt beim Joghurt: Spezielle Kulturen sorgen für eine gesunde Darmflora, indem sie unliebsame Mikroben verdrängen, das Immunsystem des Darms stärken und ihn bei der Abwehr schädlicher Bakterien unterstützen.

Einkauf: Verwenden Sie, was das Kühlregal an Naturprodukten hergibt und was Ihnen schmeckt. Milch, Buttermilch, Kefir, Joghurt, Dickmilch und

UNVERTRÄGLICH

Viele Menschen, die nach dem Genuss von Milchprodukten über Magenschmerzen oder einen aufgeblähten Bauch klagen, leiden unter einer sogenannten Laktoseintoleranz. Wer Schwierigkeiten hat, den Milchzucker zu verdauen, muss trotzdem nicht auf cremige Smoothies verzichten. Im Supermarkt sind alle gängigen Milchprodukte in einer nahezu laktosefreien Variante erhältlich.

Quark machen Smoothies cremig und bringen Proteine und Kalzium ins Glas. Ob Sie fettarme Produkte verwenden oder solche mit einem natürlichen Fettgehalt, hängt von Ihren Vorlieben ab. Gesüßte Frucht-Varianten brauchen Sie für die Zubereitung nicht. Der Fruchtgehalt dieser Produkte ist oft gering, der Zuckergehalt hoch. Für den Vorrat bieten sich Milch- und Molkenpulver an, im Reformhaus oder Bioladen erhältlich.

Praxis-Tipp: Milchprodukte mildern die manchmal »spitze« Säure vieler Früchte. Der persönliche Geschmack entscheidet. Dünnflüssige Smoothies gelingen mit Milch, Buttermilch und Kefir, wer gehaltvolle, cremige Varianten schätzt, verwendet Joghurt und Quark. Gut zu wissen: Der Anteil an wirksamen Joghurtkulturen nimmt zum Ende der Haltbarkeit ab. Kaufen Sie also besser kleinere Mengen und verbrauchen Sie diese rasch.

Nüsse, Mandeln, Samen

Bio-Fakten: Die beliebten Kerne enthalten zwar eine Menge Fett und damit auch reichlich Kalorien, aber bereits kleine Mengen können viel bewirken: Schon 5 bis 10 Gramm Sonnenblumenkerne, Mandeln, Wal- oder Haselnüsse liefern fettlösliche Vitamine und Biostoffe, die die Blutgefäße gesund halten. Tabellenführer in Sachen Ballaststoffe sind Leinsamen mit 22 und Mandeln mit 11 Gramm pro 100 Gramm. Sie sorgen für Sättigung und regulieren die Verdauung.

Einkauf: Der Anteil ungesättigter Fettsäuren in Nüssen und Samen sorgt für einen raschen Verderb: Kaufen Sie kleine Mengen und lagern diese kühl und dunkel. Nussschalen bilden eine natürliche Verpackung: Wer Zeit und Lust zum Knacken der Schale hat, kauft saisonal ganze Nüsse.

Praxis-Tipp: Kleine Mengen Nüsse und Samen verleihen Smoothies einen kernigen Geschmack. Mandeln am besten mit der braunen Schale verwenden, sie schmecken dann besonders aromatisch, außerdem ist der Ballaststoffgehalt höher.

Sojaprodukte

Bio-Fakten: Aus Sojabohnen entstehen viele Produkte, für Smoothies kommen vor allem Tofu, Sojamilch und -creme infrage. Ihr größter Vorteil: Alle enthalten eine Fülle bioaktiver Substanzen. Die Wirkungen der sekundären Pflanzenstoffe sind erst ansatzweise erforscht, die Übertragung von Labordaten auf den Menschen nicht abschließend geklärt. Man vermutet eine positive Wirkung auf den Knochenstoffwechsel und eine Risikominderung für bestimmte Krebsarten. Sojaprodukte liefern die knappen Ballaststoffe in verträglicher Form. Das ist günstig für einen gesunden Fett- und Zuckerstoffwechsel.

Einkauf: Seidentofu eignet sich sehr gut für die Smoothie-Zubereitung, weil er so geschmeidig ist und in seiner Konsistenz an Quark oder Pudding erinnert. Er hält sich im Kühlschrank zwei, drei Tage, man bekommt ihn in gut sortierten Bioläden und Reformhäusern. Kleinere Geschäfte bestellen ihn nach Bedarf. Der milchähnliche Sojadrink und Sojacreme sind ungeöffnet mehrere Monate haltbar und in Supermärkten erhältlich.

Praxis-Tipp: Verwenden Sie Seidentofu wie Joghurt oder Quark, Sojadrink ersetzt Milch, und Sojacreme kann wie Sahne verwendet werden.

Steinobst

Bio-Fakten: Zu den Steinobstsorten gehören Kirschen, Mirabellen, Pflaumen, Aprikosen, Nektarinen und Pfirsiche. Auch wenn es sie nur im Sommer gibt, lohnt es sich, ihre ganze Vielfalt in der jeweils kurzen Saison zu nutzen. Denn jede Sorte bringt eine neue Geschmacksrichtung in Ihren Smoothie. Außerdem besitzen sie unterschiedliche Biostoffe. Kirschen und rote Pflaumen enthalten Anthocyane, gelbe Früchte wie Aprikosen, Nektarinen und Pfirsiche punkten mit Carotinoiden. Die genaue Wirkung dieser Pflanzenstoffe wird noch erforscht. Sicher scheint, dass man die Einzelsubstanzen nicht isoliert betrachten sollte, sondern die Gesamtheit der gesunden Inhaltsstoffe in Obst und Gemüse für deren Gesundheits- und Präventionswirkung.

Einkauf: Verwenden Sie möglichst Früchte aus der Region, die Sie am besten auf Wochenmärkten erhalten. Dann sind sie reif und saftig. Das Obst in den Supermärkten kommt meist von weiter her und wird deswegen im unreifen Zustand geerntet. So können wertvolle Nährstoffe verloren gehen. In Folie verpackten Früchten sieht man ihren Reifezustand nicht an. Vollreife Kirschen haben einen grünen, saftigen Stiel. Trockene oder abgefallene Stiele deuten auf überreife Früchte hin. Nektarinen und Pfirsiche reifen zu Hause bei Zimmertemperatur in zwei bis drei Tagen nach. Da sie danach schnell anfangen zu verderben, sollten sie zügig verbraucht werden.

Praxis-Tipp: Der Stein von Pflaumen, Pfirsichen oder Nektarinen lässt sich am besten so entfernen: Schneiden Sie die Früchte entlang der »Nahtstelle« einmal rundherum auf und drehen Sie die Hälften gegeneinander, um sie voneinander zu trennen. Bei hartnäckig festsitzendem Stein das Fruchtfleisch in Spalten abschneiden.

Tee

Bio-Fakten: Grüne und schwarze Teeblätter stammen vom Teestrauch Camellia sinensis. Während die Blätter für grünen Tee nur getrocknet werden, durchlaufen sie für Schwarztee einen längeren Verarbeitungsprozess. Berühmt ist die Pflanze für ihre großen Mengen an Bioaktivstoffen, hauptsächlich sind es Flavonoide, Phenolsäuren und Koffein. Verblüffenderweise wirkt Tee anregend und beruhigend zugleich. Die koffeinfreien Kräuter- und Früchtetees werden aus verschiedensten Pflanzenteilen gewonnen und steuern beim Smoothie-Mixen viele Aromen und eine Fülle nützlicher bioaktiver Substanzen bei – und das alles ohne Kalorien.

Einkauf: Wer schwarzen oder grünen Tee für Smoothies nutzen will, muss sich nicht unbedingt nach feinsten Spitzensorten umschauen. In der Kombination mit Früchten und anderen Zutaten behaupten sich auch einfachere Qualitäten. Und wer sonst kein großer Teetrinker ist, kann Teebeutel verwenden. Hochwertige Kräuter- und Früchtetees kauft man am besten im Reformhaus oder in der Apotheke, denn dort kann man sich auf einen geprüften Mindestgehalt an wertvollen ätherischen Ölen und Biostoffen verlassen. Teevarianten mit zugesetzten künstlichen Aromen findet man vor allem im Supermarkt.

Praxis-Tipp: Gießen Sie Kräutertees mit sprudelnd kochendem Wasser auf und lassen Sie ihn mindestens 5 Minuten ziehen. Nur bei ausreichender Temperatur und Dauer werden eventuell vorhandene Keime sicher abgetötet.

Tomaten

Bio-Fakten: Spätestens seit Lycopin als wertvoller Bestandteil von Ketchup beworben wird, ist dieser Pflanzenfarbstoff in aller Munde. Wie viele positive Eigenschaften dieser Stoff mit sich bringt, darüber streiten Wissenschaftler noch. Doch eins ist klar: Tomaten bieten mit nur 17 Kalorien pro 100 Gramm viele gesunde Inhaltsstoffe, wie Vitamin C für ein gesundes Immunsystem und Betacarotin, das Wachstum und Aufbau von Haut und Schleimhaut reguliert. Grüne Stellen an Tomaten sollten Sie abschneiden, denn sie enthalten den giftigen Stoff Solanin. Er kann Kopfschmerzen und Übelkeit verursachen.

Einkauf: Sogar in der Hauptsaison von Juli bis September findet man im Supermarkt fast nur Ware aus unseren Nachbarländern. Wenn Sie die Möglichkeit haben, kaufen Sie in dieser Zeit Tomaten auf dem Wochenmarkt oder beim Gemüsehändler. Dort bekommen Sie Freilandware aus der Umgebung. Tomaten bleiben bei luftiger Lagerung und Zimmertemperatur viele Tage frisch, im Kühlschrank verlieren sie schnell an Aroma.

Praxis-Tipp: Tomatenmark und Dosentomaten sind außerhalb der Freilandsaison eine gute Wahl, denn Lycopin ist hitzebeständig und daher in Konserven in ansehnlicher Menge zu finden.

Trockenfrüchte

Bio-Fakten: Als Lieferant für Mineral- und Ballaststoffe bietet sich Trockenobst in der kalten Jahreszeit an. Ein großer Vitaminlieferant sind sie dagegen nicht, die empfindlichen Stoffe überstehen den Trocknungsprozess nur zu einem kleinen Teil. Pflaumen, Aprikosen, Feigen und Datteln verleihen Smoothies einen vollmundigen Geschmack und eine cremige Beschaffenheit.

Einkauf: Trockenfrüchte sind ideal für den Vorrat, weil sie sich kühl und trocken gelagert in Beuteln oder fest schließenden Dosen bis zu einem Jahr lang frisch halten. Keine Sorge, wenn sich auf Feigen und Datteln ein weißer Belag zeigt. Das ist meist kein Schimmel, sondern Zucker. Wer zur Probe mit dem Finger über die Schicht reibt, kann die kristalline Form der Zuckerpartikel erfühlen. Ein Blick auf das Kleingedruckte der Packung lohnt sich für empfindliche Zeitgenossen. Steht dort eine E-Nummer zwischen 220 und 228 oder Schwefeldioxid, Schweflige Säure bzw. eine Bezeichnung, die auf -sulfit endet, wurde Schwefel zum Erhalt der Farbe eingesetzt. Manche

Menschen reagieren auf geschwefelte Trockenfrüchte mit Kopfschmerzen und Übelkeit.

Praxis-Tipp: Große Stücke Trockenfrüchte am besten grob würfeln und kurz in Saft, Tee oder Wasser quellen lassen. Bei Softfrüchten ist das Einweichen nicht notwendig. Hier wurde das getrocknete Obst bereits mit Wasserdampf behandelt, damit es einen weicheren Biss bekommt.

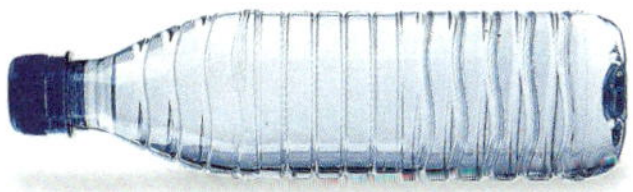

Wasser

Bio-Fakten: Wie bei allen Getränken spielt Wasser auch bei Smoothies eine Hauptrolle, entweder pur, aufgegossen im Tee oder gefroren als Eiswürfel. Weil Mineralstoffe den Geschmack des Wassers bestimmen, sind kochsalz- und schwefelhaltige Sorten zum Mixen nicht geeignet. Kalziumreiche Mineralwässer dagegen schmecken eher neutral, wer wenig Milchprodukte isst, kann sie zum Ausgleich verwenden. Mit bis zu 600 Milligramm Kalzium pro Liter enthält manches Wasser halb so viel des gesunden Stoffes wie Milch.

Einkauf: Glas- oder Kunststoffflasche? Diese Diskussion ist aus gesundheitlicher Sicht überflüssig. Heute wird Acetaldehyd aus PET-Flaschen nicht mehr oder nur in sehr kleinen Mengen in das Mineralwasser abgegeben. Umweltbewusste wählen beim Einkauf eine Quelle in der Nähe ihres Wohnortes und verwenden Mehrwegflaschen. Wer keine Lust aufs Flaschentragen hat, fabriziert sich sprudelndes Wasser zu Hause mithilfe von modernen Sodageräten aus Leitungswasser.

Praxis-Tipp: Ob Sie Leitungswasser, stilles oder kohlensäurehaltiges Mineralwasser verwenden, ist Geschmackssache. Manch einer schwört auf die Erfrischung von sprudelndem Wasser, der andere klagt danach über Magendrücken.

Zitrusfrüchte

Bio-Fakten: Dass alle Vertreter dieser Familie eine ansehnliche Menge an Vitamin C enthalten, ist bekannt. Aber Grapefruit, Orange, Zitrone, Clementine und Kumquat haben weit mehr zu bieten: Biostoffe wie Flavonoide beeinflussen nicht nur den Geschmack, sondern unterstützen auch die Gesundheit von Herz- und Blutgefäßen. In den Segmenthäuten und in dem Fruchtfleisch von Zitrusfrüchten befindet sich der wasserlösliche Ballaststoff Pektin. Wer seine Smoothies häufig mit Zitrusfrüchten zubereitet, kann mit einer Cholesterin senkenden Wirkung rechnen.

Einkauf: Zitrusfrüchte kann man gut auf Vorrat kaufen. Sie können in einem kühlen Zimmer problemlos bis zu vierzehn Tagen gelagert werden, dabei nimmt der Vitamingehalt im Laufe der Zeit jedoch ein bisschen ab. Biofrüchte mit unbehandelter Schale lagern Sie am besten im nicht zu kalten Kühlschrank, denn die Schale schimmelt bei Zimmertemperatur schnell.

Praxis-Tipp: Ein Schuss Zitronen- oder Limettensaft rundet den Geschmack von nahezu jedem Smoothie ab. Die sauren Früchte gehören zur Grundausstattung, wenn man regelmäßig zum Mixer greift. In den Segmenthäutchen finden sich besonders viele der wertvollen Inhaltsstoffe. Wer nichts gegen kleine Hautpartikel in seinem Drink hat, verzichtet auf das Filetieren und entfernt nur die dicke weiße Schale.

GEWUSST WIE – VOM UMGANG MIT EXOTISCHEN OBSTSORTEN

Früchte aus Übersee bringen rund um das Jahr Vitamine auf den Speisezettel. Gerade im Winter, wenn der einheimische Markt außer Äpfeln und Birnen nicht viel zu bieten hat, eine willkommene Abwechslung. Manche Sorten sind ganz leicht vorzubereiten. Bei Sharonfrüchten zum Beispiel muss nur der Stielansatz entfernt werden, Passionsfrüchte halbiert man und schabt das Fruchtfleisch aus, Physalis befreit man aus ihrer papierartigen Hülle. Andere Exoten bleiben jedoch im Supermarktregal liegen, weil wir oft nicht wissen, wie man sie zubereitet. Allerdings hat auch die heute allgegenwärtige Kiwi vor dreißig Jahren für Verwirrung gesorgt: Wie sollte man sie essen? Mit oder ohne Schale? Sofort oder erst, wenn sie weich geworden war? Wir zeigen Ihnen, wie Sie hierzulande ungewohnte Früchte am besten behandeln. Trauen Sie sich: Vielleicht hat eine der folgenden Sorten ja das Zeug zum künftigen Lieblingsobst!

Pitahaya

Pitahayas mit weißem Fleisch und schwarzen Kernen sind die aromatischeren, rotfleischige Pitahayas die dekorativeren Vertreter der tropischen und subtropischen Früchte Südamerikas.

1. Blüten- und Stielansatz abschneiden und die Frucht halbieren.

2. Das Fruchtfleisch mit einem Löffel aus der Schale heben.

Oder: die Schale mit einem Messer vom Fruchtfleisch abziehen (sie löst sich ganz leicht) und das Fruchtfleisch klein schneiden.

Zitrusfrüchte

Nach dem Lösen der äußeren Schale bleibt auf dem Fruchtfleisch von Orangen und Grapefruits eine mehr oder weniger dicke pelzige Schicht zurück. Auch die saftigen Fruchtsegmente im Inneren sind von festen Häutchen umgeben. Für einen geschmeidigen Smoothie ist es immer besser, die Haut zu entfernen und die Früchte zu filetieren.

1. Das obere und untere Ende, also Stiel- und Blütenansatz der Früchte mit einem scharfen Messer abschneiden.

2. Die Frucht auf eine Schnittfläche legen und die Schale von oben nach unten Stück für Stück so dick abschneiden, dass die weiße Haut mit entfernt wird.

3. Die geschälte Frucht in die Hand nehmen, über eine Schüssel halten, um den Saft aufzufangen, und die Segmente herausschneiden.

4. Den Saft aus den Rückständen über den Fruchtfilets auspressen.

Mango

Die reifen, süßen Früchte sind von einer glatten ledrigen Haut umgeben, die entfernt werden muss. Beim Schälen und Schneiden den austretenden Saft auffangen.

1. Die Mango in die Hand nehmen und mit einem Sparschäler die dünne Haut abschälen: Am besten gelingt das, wenn man zuerst einmal rund um die Frucht fährt und einen Streifen entfernt.

2. Beide Hälften schälen, auf der ersten Hälfte der Mango zunächst in der Mitte ein Stück der Schale stehen lassen. So kann man die Mango besser festhalten.

3. In der Mango liegt ein flacher ovaler Stein, der fest mit dem Fruchtfleisch verbunden ist. Man erkennt seine Lage an der Form der Frucht. Die Mango auf ein Brett legen. Erst mit einem großen Messer die beiden gewölbten »Backen« vom Kern schneiden. Das restliche Fruchtfleisch in schmaleren Streifen vom Kern schneiden.

Papaya

Die länglich, ovalen Früchte können je nach Herkunft eine Größe von 15 bis 45 Zentimeter erreichen. Für unsere Smoothies verwenden wir immer kleine Vertreter. Die Schale der Frucht ist je nach Reifegrad grün bis gelb.

1. Papaya der Länge nach halbieren.

2. Die Kerne mit einem Löffel herausschaben und eventuell zur Dekoration aufheben. Sie schmecken kresseartig pikant und leicht bitter.

3. Das Fruchtfleisch mit einem Löffel aus der Schale heben.

Oder: Die Fruchthälften mit einem Messer schälen und das Fruchtfleisch klein schneiden.

Ananas

Reif gepflückte Früchte erkennt man am angenehmen Duft. Vor dem Kauf am Stielansatz schnuppern.

1. Das Grün oben und den Stielansatz unten großzügig abschneiden.

2. Die Ananas zunächst längs halbieren, die Hälften in vier lange Segmente schneiden.

3. Von jedem Stück mit einem scharfen Messer den mittleren Strunk abschneiden.

4. Das Fruchtfleisch von der Schale schneiden und in Stücke teilen.

Avocado

Meist gelangen unreife Früchte in den Handel, die noch zwei bis zehn Tage nachreifen müssen. Für den sofortigen Verzehr nach essreifen Avocados fragen, die auch unter der Bezeichnung »ready to eat« angeboten werden.

1. Die Avocado mit einem Messer rundherum bis zum Kern einschneiden.

2. Die Avocadohälften mit beiden Händen festhalten und durch leichtes Gegeneinanderdrehen voneinander trennen.

3. Die Avocadohälfte mit dem Kern leicht zusammendrücken, damit sich der Kern löst.

4. Mit einem Löffel oder einem Kugelausstecher das Fruchtfleisch herauslösen.

DIE SÜSSE WAHL: ZUCKER, HONIG, SIRUP UND MEHR

Süße ist Geschmackssache. Einige greifen gern und viel zu Zucker oder Honig. Andere verzichten dagegen lieber auf überflüssige Zuckerkalorien und wählen einen Zuckerersatz. Und manchem reicht die natürliche Süße der Früchte für den runden Geschmack seines Smoothies vollkommen aus.

In unseren Rezepten werden Sie deshalb in den meisten Fällen keine Angaben zu Art und Menge von Süßungsmitteln finden. Schmecken Sie den Smoothie einfach nach Ihren persönlichen Vorlieben ab. Ein Tipp für alle, die auf ihre Figur achten: Probieren Sie jeden Drink immer zunächst einmal ohne zugesetzten Zucker oder Süßstoff. Die Neigung zu Supersüßem kann man mit der Zeit verlernen.

Zucker und Honig

Dazu gehören auch brauner Zucker, Trauben- und Fruchtzucker. Sie alle enthalten 4 Kalorien pro Gramm und außer schnellen Kohlenhydraten keine Nährstoffe. Ein Teelöffel davon schlägt mit etwa 20 Kalorien zu Buche.

Zuckeraustauschstoffe

Sorbit, Mannit, Xylit, Maltit oder Laktit sind chemisch gesehen Zuckeralkohole, also mit dem Zucker verwandt. Sie besitzen jedoch mit etwa 40 bis 70 Prozent deutlich weniger Süßkraft, deswegen kombinieren die Hersteller sie häufig mit Süßstoffen. Und bewerben sie – weil sie nur halb so viele Kalorien liefern wie Haushaltszucker – als Diabetikersüße oder Diätzucker.

Süßstoffe

Als Tabletten oder in flüssiger Form bieten Süßstoffe kalorienfreie Süße. Sie zeichnen sich durch eine enorme Süßkraft aus, sind aber kein Zucker und werden daher vom Körper auch anders verwertet. Die Annahme, dass sie krebserregend wirken und den Appetit ankurbeln, gilt als wissenschaftlich widerlegt. Für alle Süßstoffe gibt es empfohlene Höchstmengen, die der Mensch täglich ohne gesundheitliche Folgen aufnehmen kann. Wer jedoch aus Kaloriengründen immer zu Konfitüre, Süßwaren, Obstkonserven, Desserts und Getränke mit Süßstoff greift, kann die Höchstgrenzen schnell erreichen.

Fruchtdicksaft, Ahorn- und Rübensirup

Konzentrierter, eingedickter Saft enthält bis zu 80 Prozent Zucker und liefert einen charakteristischen Eigengeschmack, Mineralstoffe und bioaktive Substanzen. Ihr Vorzug bei Smoothies: Sie verbinden sich gut mit den kalten Früchten und Säften. Ein Teelöffel enthält etwa 15 Kalorien.

KÜCHENHELFER

Knackiges Obst und Gemüse lässt sich nur mit scharfen Messern und einigen tausend Umdrehungen in cremige Drinks verwandeln. Ein Standmixer, ein Spezialaufsatz für die Küchenmaschine oder ein leistungsstarker Pürierstab reichen für die Rezepte in diesem Buch aus. Wer Smoothies aus faserigen Kohlblättern, ganzen Möhren oder ähnlichen Zutaten herstellen möchte, muss sich allerdings für Geräte im oberen Preissegment entscheiden. Spezielle Smoothie-Maker sind oft einfachere Modelle mit kleinen Behältern, eine Anschaffung lohnt sich kaum. Eine geprüfte Sicherheit sollte selbstverständlich sein, hier ein paar Entscheidungshilfen:

Standmixer

- Die Größe des Behälters ist entscheidend für die Zubereitungsmenge. Wer kleinere Mengen Smoothies zubereitet, kommt mit einer Füllmenge von 750 bis 1000 Milliliter aus. Durch die Rotation steigt die Fruchtmasse beim Mixen an den Wänden hoch, sodass ein »Sicherheitszuschlag« von 250 bis 500 Milliliter zu der bereiteten Menge vor dem Überlaufen schützt.
- Die meisten Geräte verfügen über verschiedene Schaltstufen, oft ist die Drehzahl stufenlos verstellbar. Manche Standmixer bieten eine Intervallschaltung an, bei der beispielsweise Eis besonders gut zerkleinert werden soll.
- Smoothies sind oft in weniger als einer Minute gemixt, sodass der Elektromotor in dieser Zeit kaum überhitzen kann. Wenn man mehrere Portionen mixt, sollte man auf die Kurzbetriebszeit achten. Sie wird in Gebrauchsanweisungen oft als »KB-Zeit« angegeben und zeigt an, wie lange das Gerät in Betrieb sein darf, bevor es vor dem nächsten Einsatz abkühlen muss.
- Das Auseinander- und Zusammenstecken der Einzelteile sollte ohne übermäßigen Kraftaufwand möglich sein. Wer keine Lust auf eine Menge Abwasch hat, wählt geschirrspülmaschinengeeignetes Zubehör.
- Bei eingeschaltetem Mixer entsteht viel »Bewegung«: Zum Schutz vor wandernden Geräten sollte die Maschine auf Gumminoppen stehen.

Pürierstab

- Das Metall- oder Kunststoffgehäuse, das die Schneidemesser umgibt, sollte so weit sein, dass es die grob zerteilten Zutaten umfassen kann. Manche Geräte sind statt mit einem glockenförmigen Gehäuse nur mit »Füßchen« ausgestattet, sodass Obst und Gemüse auch seitlich von den Messern mit erfasst werden.
- Verschiedene Schaltstufen sind praktisch, so kann man die festen Zutaten erst zerkleinern und den Drink danach schaumig aufmixen.
- Der Mixer muss wenigstens einige Minuten laufen können, bevor eine Pause zum Abkühlen notwendig wird.
- Nehmen Sie den Pürierstab vor dem Kauf einmal in die Hand. Kann man den Griff gut umfassen, kommt man mit einer Hand an die Schalter? Wie reinigt man das Gerät?
- Schwierig zu unterscheiden: Hochwertiger Kunststoff steht Metall als Material in nichts nach, preiswertere Plastikgeräte weisen jedoch häufig eine geringe Haltbarkeit auf.

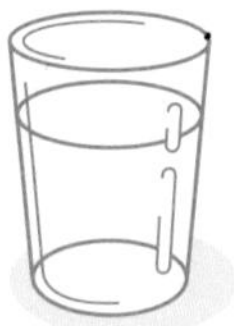

SÜSSE VITAMINQUELLEN

Äpfel, Orangen, Bananen, Kiwis, Heidelbeeren, Birnen und viele andere frische Zutaten werden zu bunten Cocktails aus Vitaminen und Mineralstoffen. Die flüssigen Snacks aus ganzen Früchten sind genau das Richtige für unser Wohlbefinden. Und weil vollreifes Obst meist genügend Fruchtzucker enthält, schmecken sie auch ganz ohne Zucker. Bei Bedarf können Sie immer noch nachsüßen.

2
1

1 Melonen-Kiwi-Drink

Für 2 Portionen:
150 g Stachelbeeren
1 Kiwi
½ kleine Honigmelone
5–10 Eiswürfel
1 Stängel Basilikum

1. Die Stachelbeeren waschen, trocken reiben und verlesen. Kiwi schälen, den Stielansatz kegelförmig herausschneiden und das Fruchtfleisch grob würfeln. Die Melone in Spalten schneiden, die Kerne mit einem Löffel heraustrennen. Das Melonenfruchtfleisch von der Schale schneiden und grob würfeln.
2. Fruchtstücke mit den Eiswürfeln in den Mixer geben und fein zerkleinern. Nach Geschmack (z. B. mit Honig) süßen.
3. Das Basilikum waschen, trocken schütteln und die Blätter in sehr feine Streifen schneiden. Unter den Drink rühren und alles in zwei Gläser füllen.

Pro Portion: 2 g E, 0 g F, 23 g KH = 113 kcal
Provitamin A und Vitamin C sind die Stärken dieses Sommer-Smoothies, ein Drink deckt den Tagesbedarf dieser Vitamine.

Info: Frische Kräuter sind eine Bereicherung für Smoothies – sie sorgen allerdings auch für »Einheitsgrün«, wenn man sie im Mixer püriert. Wer das nicht mag, schneidet die Kräuter wie hier vorgeschlagen ganz fein und serviert den Smoothie entweder ohne Trinkhalm oder mit einem extra dicken Cocktail-Trinkhalm.

2 Himbeer-Maracuja-Drink

Für 2 Portionen:
150 g Himbeeren
4 Maracujas
¼ Vanilleschote
200 ml Orangensaft

1. Himbeeren in stehendem Wasser waschen, abtropfen lassen und verlesen. Maracujas halbieren und das Fruchtfleisch mit einem Löffel herauslösen. Die Vanilleschote mit einem spitzen Messer der Länge nach aufschlitzen und das Mark herausschaben.
2. Himbeeren und Maracuja mit Orangensaft und Vanillemark in den Mixer geben und fein zerkleinern. Nach Geschmack (z. B. mit Honig) süßen und in zwei Gläser füllen.

Pro Portion: 3 g E, 0 g F, 21 g KH = 120 kcal
Köstlich und gesund: 90 % des täglich benötigten Vitamin C bringen das Immunsystem auf Trab, 5 g Ballaststoffe halten eine Weile satt.

Info: Maracujas werden auch Passionsfrüchte genannt. Anders als üblich sollten Sie nach schrumpeligen Früchten Ausschau halten, Maracujas mit einer glatten Schale sind noch nicht reif.

Die besten Erdbeer-Smoothies

② Erdbeer-Orangen-Smoothie

Ungewöhnlich: Pfeffer unterstreicht das feine Erdbeeraroma.

① Erdbeer-Grapefruit-Cooler

Eiskalter, herb-süßer Muntermacher – hilft nicht nur bei Frühjahrsmüdigkeit.

③ Erdbeer-Kokos-Smoothie

Auch als Durstlöscher geeignet: Hierfür die halbe Menge mit kaltem Mineralwasser auffüllen.

④ ACE-Trank

Erdbeeren, Heidelbeeren, Melone und ein wenig pflanzliches Öl ergänzen sich zu einem köstlichen Zellschutzdrink.

⑤ Erdbeer-Rhabarber-Drink

Ingwer bringt ein erfrischend neues Aroma in die klassische Kombination von Erdbeeren und Rhabarber.

>> Die besten Erdbeer-Smoothies

Jeden Mai das gleiche Glück. Die ersten süßen Erdbeeren aus der Umgebung kommen auf den Markt. Aus den kleinen Früchten lassen sich nicht nur Sommertorten und Marmelade, sondern auch köstliche und kerngesunde Erdbeer-Smoothies machen. Um die ganze Vielfalt der roten Drinks zu genießen, greifen Sie auch in den Monaten Juni und Juli zum Mixer. Denn dann sind die Früchte preiswert und wunderbar reif.

Erdbeeren schmecken übrigens nicht nur toll, sie sind auch gut für die Figur, ein 250-g-Schälchen Erdbeeren bringt es auf nur 80 Kalorien – Grund genug, sich während der kurzen Saison so viel Erdbeeren zu gönnen, wie man will. Maßhalten ist hier nicht nötig!

1 Erdbeer-Grapefruit-Cooler

Für 2 bis 6 Portionen:
300 ml Grapefruitsaft
250 g Erdbeeren

1. Grapefruitsaft in einen Eiswürfelbehälter füllen und einfrieren.
2. Erdbeeren in stehendem Wasser waschen, abtropfen lassen und putzen. Große Früchte halbieren. Alle Erdbeeren in den Mixer geben und fein zerkleinern.
3. Nach und nach die Grapefruit-Eiswürfel dazugeben. Die letzten Eiswürfel nur noch grob zerkleinern.
4. Nach Geschmack (z. B. mit Bourbon-Vanillezucker) süßen, in zwei große oder vier bis sechs kleinere Gläser füllen und sofort servieren.

Pro Portion:
2 g E, 0 g F, 21 g KH = 120 kcal
Erdbeeren sind sehr gute Quellen für Phenolsäuren, die unter anderem als Zellschutz wirken.

Info: Im Winter funktioniert das Rezept auch andersherum: Zuerst den Grapefruitsaft in den Mixer geben, dann die gefrorenen Erdbeeren nach und nach zugeben.

2 Erdbeer-Orangen-Smoothie

Für 2 Portionen:
300 g Erdbeeren
2 Orangen
10 Eiswürfel
schwarzer Pfeffer

1. Die Erdbeeren in stehendem Wasser waschen, abtropfen lassen und putzen. Die Orangen halbieren und auspressen.
2. Erdbeeren, Orangensaft und Eiswürfel in den Mixer geben und fein zerkleinern. Nach Geschmack (z. B. mit braunem Zucker) süßen und in zwei Gläser füllen.
3. Mit einem Hauch frisch gemahlenem Pfeffer bestreut servieren.

Pro Portion:
1 g E, 1 g F, 17 g KH = 90 kcal
Ein Glas reicht für die täglich benötigte Vitamin-C-Menge aus.

Info: Auch mit etwas fein gehacktem grünem Pfeffer ein Genuss.

③ Erdbeer-Kokos-Smoothie

Für 2 Portionen:
200 g Erdbeeren
½ Limette
200 ml Ananassaft
100 ml Kokosmilch

1. Die Erdbeeren in stehendem Wasser waschen, abtropfen lassen und putzen, die Limette auspressen.
2. Erdbeeren mit Limetten- und Ananassaft sowie der Kokosmilch in den Mixer geben und fein zerkleinern.
3. Nach Geschmack süßen und in zwei Gläser füllen.

Pro Portion:
2 g E, 9 g F, 17 g KH = 167 kcal
Wer auf Kalorien achtet, verwendet nur die halbe Menge Kokosmilch und ergänzt sie durch Milch oder Joghurt.

Info: Als alkoholfreien Cocktail können Sie diesen Drink in Martinigläsern mit Crushed Ice servieren – die Menge reicht dann für etwa 6 bis 8 Portionen.

④ ACE-Trank

Für 2 Portionen:
200 g Erdbeeren
200 g Heidelbeeren
300 g Honigmelone
2 Stängel Pfefferminze
1 TL Keimöl

1. Erdbeeren waschen, putzen und große Früchte halbieren. Heidelbeeren waschen, verlesen und in einem Sieb abtropfen lassen.
2. Die Melone in Spalten schneiden, die Kerne mit einem Löffel heraustrennen. Das Melonenfruchtfleisch von der Schale schneiden und grob würfeln.
3. Pfefferminze waschen und trocken schütteln. Die Blättchen abzupfen und in feine Streifen schneiden.
4. Früchte, Pfefferminze und Keimöl in den Mixer geben und fein zerkleinern. Nach Geschmack (z. B. mit Honig) süßen und servieren.

Pro Portion:
2 g E, 4 g F, 24 g KH = 150 kcal
Provitamin A (Betacarotin) stammt vorwiegend aus der Melone, Vitamin C aus Erdbeeren und Heidelbeeren und Vitamin E aus dem Öl.

Info: Das Vitamin E im Keimöl schützt die Körperzellen.

⑤ Erdbeer-Rhabarber-Drink

Für 2 Portionen:
150 g Rhabarber
200 g Erdbeeren
¼ Vanilleschote
100–150 ml Mineralwasser
10 Eiswürfel
ca. 10 g Ingwer

1. Von Wurzel- und Blattansatz befreite Rhabarberstangen waschen und in Scheiben schneiden. Erdbeeren waschen, abtropfen lassen und putzen. Große Früchte halbieren. Vanilleschote längs aufschlitzen und das Mark auskratzen.
2. Rhabarber mit 100 ml Wasser und Vanillemark aufkochen, zugedeckt 4 bis 5 Minuten bei kleiner Hitze ziehen lassen. Kurz abkühlen lassen, dann mindestens 30 Minuten kalt stellen.
3. Ingwer schälen und fein reiben. Erdbeeren, Rhabarber, Eiswürfel und Ingwer in den Mixer geben und fein zerkleinern. Nach Geschmack süßen.

Pro Portion:
1 g E, 0 g F, 17 g KH = 84 kcal
Ätherische Öle im Ingwer wirken positiv auf Magensaft- und Speichelproduktion.

Info: Besonders milden Blut- oder Himbeerrhabarber bekommt man in der Saison auf dem Wochenmarkt.

1
2

① Melonen-Kirsch-Smoothie

Für 2 Portionen:
500 g Wassermelone
200 g Süßkirschen
½ Zitrone

1. Die Melone in Spalten schneiden, die Kerne mit einem spitzen Messer heraustrennen. Das Melonenfruchtfleisch von der Schale abschneiden und grob würfeln. Kirschen waschen, trocken tupfen, die Stiele abziehen und die Kirschkerne mit einem Kirschentsteiner entfernen (kleine Mengen Kirschen kann man auch mit einer aufgebogenen Büroklammer entsteinen. Dafür fährt man mit der Büroklammer durch den Stielansatz in die Kirsche und »löffelt« den Stein heraus). Die Zitrone auspressen.
2. Kirschen und Melone zusammen mit dem Zitronensaft in den Mixer geben und fein zerkleinern. Eventuell nach Geschmack etwas süßen.

Pro Portion: 1 g E, 0 g F, 21 g KH = 100 kcal
Erfrischend und leicht.

Info: Die meisten Gemüsehändler bieten frisch aufgeschnittene Melonen an. Praktisch, wenn man für einen kleinen Haushalt einkauft.

② Bananen-Aprikosen-Smoothie mit Aroniasaft

Für 2 Portionen:
300 g Aprikosen
2 kleine Bananen
100 ml Apfelsaft
60 ml Aroniasaft (aus Reformhaus, Bioladen)

1. Aprikosen waschen und trocken reiben. Das Fruchtfleisch in Spalten vom Stein schneiden. Bananen schälen und in dicke Scheiben teilen.
2. Früchte und Apfelsaft in den Mixer geben und fein zerkleinern, eventuell nach Geschmack süßen.
3. Den Smoothie in zwei Gläser gießen und den Aroniasaft vorsichtig über einen Löffelrücken darübergeben. Vor dem Trinken mit einem Trinkhalm etwas einrühren.

Pro Portion: 2 g E, 0 g F, 33 g KH = 159 kcal
Aroniabeeren enthalten verschiedene biologisch aktive Verbindungen. Sie unterstützen beispielsweise die Gesundheit der Blutgefäße.

Info: Frische Aprikosen duften intensiv fruchtig. Die Haut sollte glatt sein, die Farbe sagt nichts über den Reifegrad aus. Am besten schmecken Aprikosen, die auf dem Weg vom Baum zum Händler kurze Wege zurücklegen mussten, denn dann können sie reif geerntet werden.

① Granatapfel-Bananen-Smoothie

Für 2 Portionen:
2 Granatäpfel
1 Banane
je 1 Prise Zimt, Kardamom und Nelkenpulver
5–10 Eiswürfel

1. Granatäpfel halbieren und auspressen, das ergibt etwa 200 ml Fruchtsaft. Die Banane schälen und in dicke Scheiben schneiden.
2. Banane und Granatapfelsaft mit den Gewürzen und den Eiswürfeln in den Mixer geben und fein zerkleinern. Eventuell mit etwas Honig süßen und sofort servieren.

Pro Portion: 0 g E, 0 g F, 26 g KH = 120 kcal
Ob Granatäpfel zur Krankheitsbekämpfung dienen, konnte bisher noch nicht belegt werden – Mineralstoffe und B-Vitamine machen sie dennoch zu einem gesunden Genuss.

Info: Statt Granatäpfel selbst auszupressen können Sie auch einen hundertprozentigen Granatapfelsaft verwenden. Fruchtsaftgetränke oder Nektar enthalten einen weit geringeren Anteil Fruchtsaft und werden mit Zucker versetzt.

② Schoko-Bananen-Drink

Für 2 Portionen:
2 Bananen
3 Orangen, davon 1 Bio-Orange
½ Zitrone
2 TL Kakao
6–8 Eiswürfel

1. Bananen schälen und in dicke Scheiben schneiden. Die Bio-Orange abwaschen, trocknen und mit einer feinen Reibe etwa 1 TL Orangenschale abreiben. Alle Orangen halbieren und wie die halbe Zitrone auspressen.
2. Bananenscheiben mit Orangen- und Zitronensaft, Kakao und den Eiswürfeln in den Mixer geben und fein zerkleinern. Nach Geschmack (z. B. mit Bourbon-Vanillezucker) süßen.

Pro Portion: 3 g E, 1 g F, 31 g KH = 153 kcal
Versorgt Sie bestens mit Vitamin B_6, Vitamin C und Kalium.

Info: Verwenden Sie echtes Kakaopulver. Trinkschokolade oder Instant-Kakaogetränke enthalten nur einen geringeren Anteil an Kakao und große Mengen Zucker.

1
2

1
2

① Papaya-Holunderbeer-Smoothie

Für 2 Portionen:
1 kleine Papaya (300 g)
¼ Vanilleschote
250 ml Holunderbeersaft
4 EL Zitronensaft

1. Papaya halbieren, die Kerne heraustrennen und die Fruchthälften schälen, das Fruchtfleisch grob würfeln. Die Vanilleschote der Länge nach mit einem spitzen Messer aufschlitzen und das Mark auskratzen.
2. Fruchtstücke, Holunderbeer- und Zitronensaft mit dem Vanillemark in den Mixer geben und fein zerkleinern. Nach Geschmack süßen und sofort servieren.

Pro Portion: 3 g E, 2 g F, 21 g KH = 124 kcal
Gut für Vegetarier: Dunkle Beeren enthalten Eisen, das man sonst vorwiegend in tierischen Lebensmitteln findet.

Info: Holunderbeersaft enthält viele Vitamine und Mineralstoffe, eine optimale Zutat für Smoothies.

② Tropendrink

Für 2 Portionen:
1 kleine Papaya (300 g)
2 Kiwis
1 Zitrone
2 Orangen
1 Stängel Zitronenmelisse

1. Papaya halbieren, die Kerne heraustrennen und die Fruchthälften schälen, das Fruchtfleisch grob würfeln. Kiwis schälen, den Stielansatz kegelförmig herausschneiden und das Fruchtfleisch ebenfalls grob würfeln. Zitrone und Orangen halbieren und den Saft auspressen.
2. Zitronenmelisse waschen, trocken schütteln und die Blättchen vom Stängel zupfen. Die Blätter in ganz feine Streifen schneiden.
3. Fruchtstücke und -säfte in den Mixer geben und fein zerkleinern. Eventuell süßen, die Melissestreifen unterrühren.

Pro Portion: 2 g E, 0 g F, 25 g KH = 134 kcal
Der ausgewogene Mix aus verschiedenen Ballaststoffen sorgt für lange Sättigung.

Info: Die Schale einer reifen Papaya gibt auf Fingerdruck leicht nach. Sehr weiche, überreife Früchte schmecken oft bitter.

1 Apfel-Beeren-Mix

Für 2 Portionen:
1 Apfel
50 g TK-Erdbeeren
50 g TK-Heidelbeeren
200 ml roter Traubensaft
50 ml Aroniasaft

1. Den Apfel waschen und trocken reiben. Kerngehäuse entfernen und Fruchtfleisch grob würfeln.
2. Alle Früchte und beide Säfte in den Mixer geben und fein zerkleinern. Nach Geschmack süßen und servieren.

Pro Portion:
1 g E, 1 g F, 28 g KH = 136 kcal
Besonders reich an Vitamin C und sekundären Pflanzenstoffen.

Info: Nicht nur wohlschmeckend, sondern vermutlich auch besonders effektiv: Die Gesamtheit der einzelnen Pflanzenstoffe soll sich besonders günstig auf die Erhaltung gesunder Blutgefäße auswirken.

2 Scharfer Apfeldrink

Für 2 Portionen:
½ kleine Cantaloupe-Melone (300 g)
1 kleiner Apfel
8–10 Eiswürfel
100 ml Mineralwasser
1 Msp. Wasabipulver

1. Die Melone in Spalten schneiden, Kerne mit einem Löffel heraustrennen. Das Fruchtfleisch von der Schale schneiden und grob würfeln. Den Apfel waschen und trocken reiben. Kerngehäuse herausschneiden und Fruchtfleisch grob würfeln.
2. Fruchtstücke, Eiswürfel, Mineralwasser und das Wasabipulver in den Mixer geben und fein zerkleinern. Nach Geschmack (z. B. mit Honig) süßen und sofort servieren.

Pro Portion:
1 g E, 0 g F, 21 g KH = 92 kcal
Die aromatische Cantaloupe-Melone mit ihrem orangefarbenen Fleisch enthält besonders viel Betacarotin. Der Körper braucht es für die Entwicklung von Zellen und Gewebe.

Info: Für einen klassisch-süßen Smoothie lassen Sie das extrascharfe Wasabipulver weg und schmecken den Drink mit einem Spritzer Zitronensaft ab.

3 Klassischer Apfel-Smoothie

Für 2 Portionen:
1 kleiner Apfel
1 kleine Banane
8–10 Eiswürfel
200 ml Orangensaft

1. Apfel waschen und trocken reiben. Kerngehäuse herausschneiden, Fruchtfleisch grob würfeln. Banane schälen und in dicke Scheiben schneiden.
2. Obststücke, Eiswürfel und Orangensaft in den Mixer geben und fein zerkleinern. Nach Geschmack süßen und sofort servieren.

Pro Portion:
1 g E, 0 g F, 25 g KH = 115 kcal
Erfrischend und cremig, bringt es dieser Smoothie auf 50 % des täglich benötigten Vitamin C.

Info: Klassiker mit den beliebtesten Obstsorten, die es das ganze Jahr über zu kaufen gibt.

1
3
2

1
2

① Birnen-Bananen-Smoothie

Für 2 Portionen:
1 Banane
1 Birne
½ Zitrone
150 ml Mineralwasser
½ TL Zimtpulver
2 TL gemahlene Mandeln

1. Die Banane schälen und in dicke Scheiben schneiden. Die Birne waschen, trocken reiben und eventuell schälen. Das Kerngehäuse entfernen und das Fruchtfleisch grob würfeln. Die Zitrone auspressen.
2. Fruchtstücke, Zitronensaft, Mineralwasser, Zimt und Mandeln in den Mixer füllen und fein zerkleinern. Eventuell nach Geschmack süßen.
3. Den Smoothie in zwei Gläser füllen und mit etwas Zimt bestäuben.

Pro Portion: 2 g E, 3 g F, 21 g KH = 125 kcal
Pro Glas knapp 4 g Ballaststoffe – das macht satt!

Info: Ceylon-Zimt ist milder im Geschmack und enthält weit weniger von dem umstrittenen Aromastoff Cumarin als der weiter verbreitete Cassia-Zimt. Sie bekommen ihn im Reformhaus und im Bioladen.

② Mango-Orangen-Drink

Für 2 Portionen:
1 Mango (400 g)
2 Orangen
ca. 10 g Ingwer
200 ml Kokoswasser

1. Die Mango schälen, das Fruchtfleisch vom Stein lösen und grob würfeln, Orangen halbieren und auspressen. Ingwer schälen und fein reiben.
2. Mango, Ingwer, Orangensaft und Kokoswasser in den Mixer geben und fein zerkleinern. Nach Geschmack (z. B. mit braunem Zucker) süßen.

Pro Portion: 1 g E, 1 g F, 32 g KH = 157 kcal
Der Gehalt an Provitamin A reicht für den ganzen Tag.

Info: Wer schon einmal in den Tropen war, weiß, wie gut es schmeckt, Kokoswasser aus einer frisch aufgeschlagenen Kokosnuss zu trinken. Jetzt gibt es das fettarme Kokoswasser in kleinen Kartonverpackungen und Flaschen auch im Reformhaus oder Bioladen zu kaufen.

① Avocado-Clementinen-Drink

Für 2 Portionen:
4 Clementinen
2 Orangen
1 kleine Avocado

1. Clementinen abwaschen, trocken reiben und schälen. Die Fruchtstücke der Clementinen über einer Schüssel filetieren und die Häute gut ausdrücken, die Orangen halbieren und auspressen.
2. Avocado rundherum mit einem Messer bis zum Kern hin einschneiden und die Hälften durch leichtes Gegeneinanderdrehen voneinander trennen. Die Hälfte mit dem Kern etwas zusammendrücken, sodass sich der Kern löst. Fruchtfleisch herauslöffeln.
3. Avocadofruchtfleisch und Clementinen mit Orangensaft in den Mixer geben und fein zerkleinern. Nach Geschmack süßen.

Pro Portion: 2 g E, 9 g F, 28 g KH = 222 kcal
Dank der Avocado wird die benötigte Tagesdosis an Vitamin D zur Hälfte gedeckt.

Info: Eine Orange liefert im Schnitt etwa 100 ml Saft. Wer die Früchte nicht selbst auspressen möchte, kauft Direktsaft aus dem Kühlregal. Manche Supermärkte bieten sogar frisch gepresste Säfte in der Obstabteilung an – achten Sie auf das Haltbarkeitsdatum.

② Feigen-Grapefruit-Smoothie mit Lebkuchengewürz

Für 2 Portionen:
4 Feigen
4 getrocknete Soft-Pflaumen
150 ml Grapefruitsaft
100 ml Mineralwasser
¼ TL Lebkuchengewürz

1. Die Feigen vierteln und so dünn wie möglich schälen. Die Pflaumen grob schneiden.
2. Fruchtstücke mit Grapefruitsaft, Mineralwasser und Lebkuchengewürz in den Mixer geben und fein zerkleinern. Eventuell mit Honig süßen.

Pro Portion: 2 g E, 1 g F, 33 g KH = 160 kcal
Mit mehr als 5 g Ballaststoffen macht dieser weihnachtliche Smoothie auf erfrischende Weise satt.

Info: Getrocknete Soft-Früchte werden mit Wasserdampf behandelt, sodass sie eine gewisse Geschmeidigkeit behalten. Probieren Sie diesen Drink auch mit getrockneten Aprikosen, Äpfeln oder Datteln.

1
2

2
3
1

1 Birnen-Sanddorn-Smoothie

Für 2 Portionen:
2 Birnen
Pfefferkuchengewürz
100 ml Sanddornmark (ungesüßt)
150 ml Apfelsaft

1. Birnen abwaschen und trocken reiben. Eventuell schälen, das Kerngehäuse herausschneiden und das Fruchtfleisch grob würfeln.
2. Birnenstücke, 1 Prise Pfefferkuchengewürz, Sanddornmark und Apfelsaft in den Mixer geben und fein zerkleinern. Nach Geschmack süßen (z. B. mit etwas Honig oder Ahornsirup).
3. Den Smoothie in zwei hohe Gläser füllen und nach Geschmack mit einer weiteren Prise Pfefferkuchengewürz bestreuen.

Pro Portion:
1 g E, 2 g F, 41 g KH = 192 kcal
Mit viel Vitamin C und E – gut fürs Immunsystem.

Info: Sanddorn ist unter den einheimischen Früchten Spitzenreiter in Sachen Vitamin C. Da Sanddornmark das ganze Jahr erhältlich ist, eignet es sich auch im Winter zur Smoothie-Zubereitung.

2 Apfel-Trauben-Saft

Für 2 Portionen:
1 Apfel
200 g kernlose Weintrauben
½ Limette
1 Prise Nelkenpulver
150 ml Apfelsaft

1. Den Apfel waschen, trocken reiben und schälen. Das Kerngehäuse herausschneiden und das Fruchtfleisch grob würfeln. Die Weintrauben waschen, abtropfen lassen und von den Stielen zupfen. Die Limette auspressen.
2. Früchte mit Nelkenpulver, Limetten- und Apfelsaft in den Mixer geben und fein zerkleinern.

Pro Portion:
1 g E, 0 g F, 39 g KH = 175 kcal
Der Drink enthält viel fruchteigenen Zucker, ideal, wenn alle Reserven aufgebraucht sind.

Info: Zitrusfrüchte geben besonders viel Saft, wenn man sie bei Zimmertemperatur lagert und vor dem Auspressen mit festem Druck einige Male über die Arbeitsplatte rollt.

3 Ananas-Heidelbeer-Smoothie

Für 2 Portionen:
1 Baby-Ananas
1 Grapefruit
150 g TK-Heidelbeeren
150 ml Mineralwasser

1. Die Ananas vierteln und den inneren Strunk entfernen, falls er zu hart ist. Das Fruchtfleisch von der Schale schneiden und grob würfeln. Die Grapefruit schälen und filetieren.
2. Die tiefgefrorenen Heidelbeeren, Ananas und Grapefruit mit dem Mineralwasser in den Mixer geben und fein zerkleinern. Eventuell nach Geschmack (z. B. mit braunem Zucker) süßen, in zwei Gläser füllen und sofort servieren.

Pro Portion:
1 g E, 1 g F, 23 g KH = 117 kcal
Fruchtcocktail, der mit 5 g Ballaststoffen pro Glas eine Weile satt macht.

Info: Baby-Ananas enthalten häufig keinen harten Strunk in der Mitte. Probieren Sie am besten erst ein Stückchen, bevor Sie zu viel Fruchtfleisch wegschneiden. Je nach Größe der Ananas brauchen Sie eventuell etwas mehr Mineralwasser.

DIE MILCHFRISCHEN

Smoothies mit Milch, Kefir oder Joghurt bieten gerade im Sommer eine erfrischend leichte Mahlzeit für zwischendurch. Hier profitieren Sie nicht nur von den vitaminreichen Früchten, sondern bekommen noch eine gute Portion sättigendes Protein und knochenstärkendes Kalzium. Am besten schmecken die Drinks, wenn nicht nur die Milchprodukte, sondern auch die Früchte direkt aus dem Kühlschrank kommen.

1
2

① Vanilla Sunrise

Für 2 Portionen:
200 g TK-Beerenmischung
200 ml Apfelsaft
¼ Vanilleschote
250 ml Trinkjoghurt natur (1,5 % Fett)

1. Die Beeren 15 bis 20 Minuten bei Zimmertemperatur antauen lassen, dann mit dem Apfelsaft in den Mixer geben und fein pürieren. Die Fruchtmischung eventuell nach Geschmack (z. B. mit Ahornsirup) süßen und in zwei Gläser füllen.
2. Den Mixer säubern. Vanilleschote mit einem spitzen Messer aufschneiden und das Mark herausschaben. Vanillemark mit Trinkjoghurt und eventuell Ahornsirup im Mixer schaumig schlagen.
3. Den Vanillejoghurt über einen Löffelrücken vorsichtig auf die Fruchtmischung gießen und mit einem Cocktaillöffel oder einem dicken Strohhalm servieren.

Pro Portion: 5 g E, 2 g F, 26 g KH = 160 kcal
Den in dunklen Früchten enthaltenen Farbstoffen (Anthocyanen) werden hauptsächlich zellschützende Eigenschaften zugeschrieben.

Info: Gekaufte Vanilledrinks sind oft sehr süß. Wenn Sie den Vanillejoghurt selber mixen, haben Sie Art und Menge des Süßungsmittels selbst in der Hand.

② Johannisbeermilch

Für 2 Portionen:
150 g rote Johannisbeeren
1 Banane
½ Zitrone
4–6 Eiswürfel
200 ml Milch (1,5 % Fett)

1. Die Johannisbeeren in stehendem Wasser waschen und abtropfen lassen. Die einzelnen Beeren mit einer Gabel von den Rispen streifen. Die Banane schälen und in dicke Scheiben schneiden, die Zitrone auspressen.
2. Früchte und Zitronensaft mit Eiswürfeln und Milch in den Mixer geben und alles fein zerkleinern. Nach Geschmack süßen, eiskalt und nach Geschmack mit einigen Johannisbeeren servieren.

Pro Portion: 5 g E, 2 g F, 19 g KH = 122 kcal
Ein Drink mit einer hohen Nährstoffdichte: Mit wenigen Kalorien bekommt man viele Vitamine und Mineralstoffe geliefert.

Info: Die Säure der Johannisbeeren wird von den süßen Bananen und der sanften Milch abgemildert. Die kleinen Kerne der Johannisbeeren nicht absieben, sie enthalten viele Ballaststoffe.

① Avocado-Smoothie mit Honigmelone

Für 2 Portionen:
½ Honigmelone (ca. 500 g)
1 Avocado
150 g Naturjoghurt (1,5 % Fett)
2 EL Zitronensaft
4 Blättchen frische Minze

1. Die Melone in Spalten schneiden, die Kerne mit einem Löffel heraustrennen. Das Melonenfruchtfleisch von der Schale schneiden und grob würfeln. Die Avocado rundherum mit einem Messer bis zum Kern hin einschneiden und die Hälften durch leichtes Gegeneinanderdrehen voneinander trennen. Die Hälfte mit dem Kern in der Hand etwas zusammendrücken, sodass sich der Kern löst. Fruchtfleisch herauslöffeln.
2. Melonen- und Avocadofruchtfleisch mit Joghurt und Zitronensaft in den Mixer geben und fein zerkleinern. Die Minze waschen, trocken schütteln und in ganz feine Streifen schneiden. Den Smoothie in zwei Gläser füllen, mit der Minze bestreuen und nach Geschmack mit einer Melonenspalte servieren.

Pro Portion: 5 g E, 10 g F, 26 g KH = 225 kcal
Das Fett in der Avocado besteht zu einem großen Teil aus einfach ungesättigten Fettsäuren – gut für Ihren Cholesterinspiegel.

Info: Avocados machen den Smoothie schön cremig. Viele Geschäfte bieten Avocados »ready to eat« an – also mit der richtigen Reife zum sofortigen Gebrauch.

② Avocado-Smoothie mit Pfirsich

Für 2 Portionen:
2 Pfirsiche
1 Limette
1 Stängel Basilikum
1 Avocado
250 ml Sojadrink natur

1. Pfirsiche waschen, trocken reiben und in Spalten vom Stein schneiden. Die Limette halbieren und auspressen. Basilikum waschen und trocken schütteln. Die Blättchen vom Stängel zupfen und grob hacken.
2. Avocado rundherum mit einem Messer bis zum Kern hin einschneiden und die Hälften durch leichtes Gegeneinanderdrehen voneinander trennen. Die Hälfte mit dem Kern in der Hand etwas zusammendrücken, sodass sich der Kern löst.
3. Avocadofruchtfleisch mit einem Löffel direkt in den Mixer schaben, Pfirsich, Limettensaft, Basilikum und Sojadrink zugeben und alles fein zerkleinern. Nach Geschmack (z. B. mit Agavendicksaft) süßen und mit Basilikumblättern oder dünnen Pfirsichscheiben servieren.

Pro Portion: 6 g E, 10 g F, 18 g KH = 196 kcal
Neben wertvollen Pflanzenfetten liefert eine halbe Avocado 50 % des Tagesbedarfs an Vitamin D und E.

Info: Auch pikant ein Genuss: Servieren Sie den Drink mal mit Salz und Tabasco abgeschmeckt.

1
2

Die fünf besten Wintersmoothies

1 Pitahaya-Bananen-Shake

Schon beim Zubereiten zieht aromatischer Duft durch die Küche.

2 Aprikosen-Orangen-Molke

Mit Molkenpulver sind cremige Drinks auch ohne frische Milchprodukte im Handumdrehen gemixt.

3 Multivitamin-Smoothie mit Nüssen

Machen Sie aus einem schlichten Trinkjoghurt einen Vitamin-Mineralstoff-Kick für Zwischendurch.

4 Warmer Bratapfeldrink

Inbegriff kulinarischer Winter-Gemütlichkeit. Hier kommt der Bratapfel flüssig ins Glas.

5 Heiße Bananenmilch mit Safran

Die knackige Bananenmilch wärmt schön durch – ideal nach einem Winterspaziergang.

>> Die fünf besten Wintersmoothies

Kurze Tage, nasskaltes Klima und sinkende Temperaturen: Damit der Körper auch im Winter gesund und fit bleibt, braucht er Wärme und eine Extraportion an Vitaminen und Mineralstoffen. Genau die richtige Aufgabe für unsere Wintersmoothies. Die Getränke aus Milchprodukten und frischen Früchten sind eine perfekte Ergänzung zu einer ausgewogenen Ernährung und helfen dabei, gut durch die kalte Jahreszeit zu kommen.

Ganz gleich, ob Sie nach wärmenden Getränken suchen oder auch mal einen erfrischenden Wintertrank brauchen, trauen Sie sich und experimentieren Sie mit duftenden Gewürzen und Nüssen, mit heimischen oder mit exotischen Winterfrüchten. Probieren Sie aus, was Ihnen schmeckt und guttut.

1 Pitahaya-Bananen-Shake

Für 2 Portionen:
200 ml Milch (1,5 % Fett)
je 1 Sternanis, Zimtstange, Nelke
3 Kardamomkapseln
1 Pitahaya
1 Banane

1. Die Milch erhitzen. Die Gewürze grob zerstoßen und in die Milch geben. 5 Minuten auf kleiner Hitze ziehen lassen, anschließend durch ein Sieb gießen. Die Milch zunächst bei Zimmertemperatur abkühlen lassen, dann bis zur Zubereitung in den Kühlschrank stellen.
2. Blüten- und Stielansatz der Pitahaya abschneiden und die Frucht halbieren. Das Fruchtfleisch mit einem Löffel herausheben. Die Banane schälen und in dicke Scheiben schneiden.
3. Die Früchte mit der Milch in den Mixer geben und schaumig mixen. Nach Geschmack süßen und in zwei Gläser füllen.

Pro Portion:
5 g E, 2 g F, 24 g KH = 147 kcal
Ätherische Öle aus den Gewürzen machen diesen Shake zum Aroma-Erlebnis.

Info: Unkomplizierter geht's, wenn Sie die Gewürze durch einen Beutel Glühweingewürz ersetzen.

2 Aprikosen-Orangen-Molke

Für 2 Portionen:
6 getrocknete Soft-Aprikosen
400 ml Orangensaft
2 EL Molkenpulver
1 Prise gemahlener Kardamom

1. Die Aprikosen grob zerschneiden und 30 Minuten im Orangensaft einweichen.
2. Orangensaft und Aprikosen zusammen mit dem Molkenpulver in den Mixer geben und fein zerkleinern. Den Smoothie in zwei Gläser füllen und mit wenig Kardamom bestreut servieren.

Pro Portion:
3 g E, 0 g F, 31 g KH = 157 kcal
Aus »Bordmitteln« schnell gemixt und trotzdem volle Nährstoff-Power.

Info: Als Zusatzstoff sorgt Schwefel bei Trockenfrüchten dafür, dass die Farbe der Früchte erhalten bleibt. Manche Menschen reagieren jedoch empfindlich auf Schwefel. Achten Sie auf die Verpackung, der Zusatz von Schwefel muss dort vermerkt werden.

3 Multivitamin-Smoothie mit Nüssen

Für 2 Portionen:
2 Birnen
4 Grapefruits
250 ml Trinkjoghurt natur (1,5 % Fett)
20 g Cashewnüsse

1. Die Birnen waschen, trocken reiben und eventuell schälen. Früchte halbieren, Kerngehäuse entfernen und das Fruchtfleisch grob würfeln. Die Grapefruits über einer Schüssel filetieren, die Rückstände mit der Hand auspressen.
2. Birnenstückchen, Grapefruitfilets und -saft, Joghurt und Cashewnüsse in den Mixer geben und fein zerkleinern. Nach Geschmack (z. B. mit Honig) süßen und servieren.

Pro Portion:
7 g E, 7 g F, 24 g KH = 215 kcal
Eine kleine Menge Nüsse gibt Smoothies einen herzhaften Geschmack und verhilft außerdem zu einer Extraportion wertvoller ungesättigter Fettsäuren.

Info: Birnen werden oft knackighart angeboten. Lassen Sie sie immer ein paar Tage nachreifen, bis sie süß und saftig sind. Dann ist die Schale oft so weich und dünn, dass sich das Schälen erübrigt.

4 Warmer Bratapfeldrink

Für 2 Portionen:
2 kleine rotschalige Äpfel
1 TL Butter
2 EL gemahlene Haselnüsse
5 EL Apfelsaft
½ TL Zimt
350 ml Milch (1,5 % Fett)

1. Die Äpfel waschen, vierteln und das Kerngehäuse herausschneiden. Das Fruchtfleisch grob würfeln.
2. Butter in einem Topf erhitzen, die Nüsse darin kurz andünsten. Äpfel, Apfelsaft und Zimt zugeben und etwa 10 Minuten bei niedriger Temperatur zugedeckt garen. Die Milch zugeben und erhitzen.
3. Den Topfinhalt in einen Mixer geben, alles fein zerkleinern und schaumig mixen. Nach Geschmack süßen, in hitzebeständigen Gläsern mit einer Prise Zimt bestreut servieren.

Pro Portion:
8 g E, 12 g F, 30 g KH = 265 kcal
Der Drink sichert Ihnen ein Viertel des täglich notwendigen Kalziums – gut für Knochen und Zähne.

Info: Sie können die Bratäpfel auch im Ganzen im Backofen in einer Auflaufform garen, es dauert dann allerdings etwa 40 bis 50 Minuten.

5 Heiße Bananenmilch mit Safran

Für 2 Portionen:
1 Banane
1 TL Butter
350 ml Milch (1,5 % Fett)
1 Prise gemahlener Safran
1 TL gehackte Pistazien

1. Banane schälen und in Scheiben schneiden. Butter in einem Topf erhitzen, die Bananenscheiben darin von jeder Seite 1 bis 2 Minuten braten. Milch und Safran zugeben und erhitzen.
2. Den Topfinhalt in den Mixer umfüllen, alles fein zerkleinern und schaumig mixen. Nach Geschmack süßen und in zwei hitzebeständige Gläser füllen. Mit den Pistazien bestreut servieren.

Pro Portion:
7 g E, 6 g F, 22 g KH = 176 kcal
Die Kombination aus Milch und Banane sorgt für eine angenehme Sättigung.

Info: Grüne Bananen reifen innerhalb weniger Tage bei Zimmertemperatur nach. Sobald sich braune Punkte auf der Schale zeigen, hat sich ein Großteil der Kohlenhydrate zu Zucker entwickelt und die Früchte eignen sich – oft ohne weiteren Zuckerzusatz – für die Zubereitung von cremigen Smoothies.

2
1

1 Süßroter Limettenkefir

Für 2 Portionen:
250 g Erdbeeren
1 Bio-Limette
150 g Naturjoghurt (1,5 % Fett)
100 ml Kefir

1. Erdbeeren waschen und abtropfen lassen. Die Limette waschen und trocken reiben. 1 TL Limettenschale fein abreiben, die Frucht halbieren und auspressen.
2. Erdbeeren, Limettensaft und -schale, Joghurt und Kefir in den Mixer geben und fein zerkleinern. In zwei Gläser füllen.

Pro Portion: 5 g E, 3 g F, 15 g KH = 126 kcal
Vitamin- und Mineralstoffkonto werden auf leichte Art ins »Plus« gerückt.

Info: Für einen gehaltvolleren Smoothie 1 EL Mandelmus mit in den Mixer geben.

2 Smoothie aus gelben Früchten

Für 2 Portionen:
2 gelbe Kiwis
1 Banane
2 Aprikosen
2 Sharonfrüchte
250 ml Trinkjoghurt natur (1,5 % Fett)
10 Eiswürfel

1. Kiwis schälen, den Stielansatz kegelförmig herausschneiden und das Fruchtfleisch grob würfeln. Die geschälte Banane in dicke Scheiben schneiden. Aprikosen und Sharonfrüchte waschen und trocken reiben. Aprikose in Spalten vom Stein schneiden. Bei den Sharonfrüchten den Stielansatz kegelförmig herausschneiden und das Fruchtfleisch grob würfeln.
2. Früchte, Trinkjoghurt und Eiswürfel in den Mixer geben und fein zerkleinern. Eventuell nach Geschmack süßen und in zwei Gläser füllen.

Pro Portion: 6 g E, 3 g F, 41 g KH = 232 kcal
Sattmacher im Glas: Schon ein Viertel des täglich notwendigen Ballaststoffbedarfs ist enthalten.

Info: Gelbe Früchte sind eine gute Quelle für Betacarotin. Der Körper wandelt es um und braucht es unter anderem für die Bildung neuer Körperzellen.

① Käsekuchen aus dem Glas

Für 2 Portionen:
4 Aprikosen
¼ Vanilleschote
50 g Magerquark
250 ml Milch (1,5 % Fett)
4 Butterkekse

1. Aprikosen waschen und trocken reiben. Die Früchte in Spalten vom Stein schneiden. Vanilleschote mit einem spitzen Messer aufschneiden und das Mark herausschaben.
2. Aprikosen, Vanillemark, Quark, Milch und 3 Butterkekse in den Mixer geben und fein zerkleinern. Eventuell nach Geschmack süßen.
3. Den letzten Butterkeks fein hacken. Den Drink in zwei Gläser füllen und mit den Keksbröseln bestreut servieren.

Pro Portion: 9 g E, 3 g F, 22 g KH = 160 kcal
Kalorienleichte Alternative zur Nachmittagstorte.

Info: Heimische Aprikosen gibt es im Juli und August. Sie schmecken besonders aromatisch, da sie vollreif geerntet werden und nur kurze Wege zurücklegen müssen.

② Brombeerdrink mit Kokosjoghurt

Für 2 Portionen:
250 g Brombeeren
1 kleine Saftorange
10–15 Eiswürfel
¼ Vanilleschote
100 ml Kokosmilch
100 ml Naturjoghurt (1,5 % Fett)

1. Brombeeren in stehendem Wasser waschen und verlesen. Die Orange halbieren und auspressen. Brombeeren und Orangensaft in den Mixer geben und fein zerkleinern. Fruchtmischung nach Geschmack (z. B. mit braunem Zucker) süßen, in zwei Gläser füllen und kalt stellen.
2. Den Mixer säubern und die Eiswürfel darin zu Crushed Ice verarbeiten. Das Eis auf die Brombeermasse geben.
3. Die Vanilleschote mit einem spitzen Messer aufschneiden und das Mark herauskratzen. Vanillemark mit der Kokosmilch und Joghurt glatt verrühren und über das Crushed Ice gießen. Den Drink nach Geschmack mit 1, 2 Beeren dekorieren, mit einem Cocktaillöffel oder einem dicken Strohhalm servieren.

Pro Portion: 4 g E, 10 g F, 18 g KH = 188 kcal
Beerenfrüchte haben es in sich. Eine Glas von diesem Drink bringt es auf immerhin 4 g Ballaststoffe.

Info: Außerhalb der kurzen Beerensaison können Sie auch eine tiefgefrorene Beerenmischung für diesen Kokosmilch-Drink verwenden.

1
2

2
3
1

1 Mango-Joghurt-Drink

Für 2 Portionen:
1 Mango (400 g)
250 ml Trinkjoghurt natur (1,5 % Fett)
½ TL Currypulver
10 Eiswürfel
1 Prise Schwarzkümmel

1. Mango schälen und grob würfeln.
2. Fruchtfleisch, Trinkjoghurt, Curry und Eiswürfel in den Mixer oder in ein Glas geben und fein zerkleinern. Mit etwas Schwarzkümmel bestreut servieren.

Pro Portion:
5 g E, 5 g F, 22 g KH = 166 kcal
Gelbe Früchte und Gemüse erhalten ihre Farbe vom Pflanzenstoff Betacarotin, den der Körper in Vitamin A umwandelt.

Info: Currymischungen gibt es in verschiedenen Schärfegraden – probieren Sie aus, ob Sie eher eine milde oder eine scharfe Mischung bevorzugen.

2 Heidelbeer-Buttermilch-Mix

Für 2 Portionen:
125 g Heidelbeeren
250 ml Buttermilch
2 EL Zitronensaft
4–6 Eiswürfel
gemahlene Muskatnuss

1. Die Heidelbeeren gut waschen, verlesen und in einem Sieb abtropfen lassen.
2. Früchte, Buttermilch, Zitronensaft und Eiswürfel in den Mixer oder in ein Glas geben und fein zerkleinern. Eventuell nach Geschmack süßen. Mit etwas gemahlener Muskatnuss bestäubt servieren.

Pro Portion:
5 g E, 1 g F, 9 g KH = 72 kcal
Ballaststoffreich und kalorienarm, eine perfekte Zwischenmahlzeit.

Info: Wie alle Beerenfrüchte liefern auch Heidelbeeren ein gutes Quantum an Ballaststoffen. 100 g Heidelbeeren enthalten 5 g dieser darmgesunden Stoffe.

3 Erdbeer-Himbeer-Kefir

Für 2 Portionen:
150 g Erdbeeren
150 g Himbeeren
300 ml Kefir

1. Erdbeeren waschen, putzen und große Früchte halbieren. Himbeeren in stehendem Wasser waschen, verlesen und abtropfen lassen.
2. Früchte mit Kefir in den Mixer oder in ein Glas geben und fein zerkleinern. Nach Geschmack (z. B. mit Ahornsirup) süßen und sofort servieren.

Pro Portion:
6 g E, 5 g F, 13 g KH = 145 kcal
Die frischen Beeren liefern pro Glas mehr als die Hälfte des täglich benötigten Vitamin C.

Info: Erdbeeren und Himbeeren gibt es in guter Qualität auch tiefgefroren zu kaufen, dieser Smoothie hat also immer Saison.

1 Birnen-Joghurt-Drink mit Aroniasaft

Für 2 Portionen:
2 Birnen
150 g Naturjoghurt (1,5 % Fett)
50 ml Aroniasaft (Reformhaus, Bioladen)
10 Eiswürfel

1. Die Birnen waschen und trocken reiben. Die Früchte schälen, das Kerngehäuse entfernen und das Fruchtfleisch grob würfeln.
2. Birnen mit Joghurt, Aroniasaft und Eiswürfel in den Mixer geben und fein zerkleinern. Nach Geschmack süßen, in zwei Gläser füllen und sofort servieren.

Pro Portion: 3 g E, 2 g F, 21 g KH = 114 kcal
Saft aus Aroniabeeren enthält neben einer guten Vitaminmischung auch einen hohen Gehalt an Antioxidantien, die beispielsweise als Zellschutz wirken. Gerade in der kalten Jahreszeit ein gesundes »Plus« für Ihre Smoothies.

Info: Nicht jeder verbraucht eine ganze Flasche Aroniasaft innerhalb von wenigen Tagen. Damit Reste nicht verderben, den Saft in Eiswürfelbehälter füllen und einfrieren. So haben Sie schnell ein paar Vitamine für den nächsten Smoothie parat.

2 Himbeer-Joghurt-Drink

Für 2 Portionen:
1 Banane
200 g Naturjoghurt (1,5 % Fett)
150 ml Mineralwasser
150 g TK-Himbeeren
1 Prise gemahlene Muskatblüte

1. Die Banane schälen und in Scheiben schneiden.
2. Bananenscheiben mit Joghurt und Mineralwasser in den Mixer geben und fein zerkleinern. Nach und nach die gefrorenen Himbeeren zugeben und ebenfalls fein zerkleinern.
3. Den Drink eventuell nach Geschmack (z. B. mit Honig) süßen, in zwei Gläser füllen und mit etwas gemahlener Muskatblüte bestäuben.

Pro Portion: 5 g E, 2 g F, 18 g KH = 118 kcal
Mit einem Glas haben Sie schon etwa 500 mg Kalium zu sich genommen – ein Viertel dessen, was Ihr Körper täglich z. B. zum Aufrechterhalten des Blutdrucks braucht.

Info: So wird der Drink zur leckeren Eiscreme: Das Mineralwasser weglassen, die Creme in kleine Eisförmchen füllen und ein paar Stunden in den Tiefkühlschrank legen.

1
2

1
2

① Tutti-Frutti-Smoothie

Für 2 Portionen:
100 g Erdbeeren
1 Kiwi
¼ Cantaloupe-Melone
1 kleine Banane
200 ml Milch (1,5 % Fett)
5–10 Eiswürfel

1. Erdbeeren waschen, putzen und große Früchte halbieren. Kiwi schälen, den Stielansatz kegelförmig herausschneiden und das Fruchtfleisch grob zerteilen. Die Melone in Spalten schneiden, die Kerne mit einem Löffel heraustrennen. Das Melonenfruchtfleisch von der Schale schneiden und grob würfeln. Die Banane schälen und in dicke Scheiben schneiden.
2. Früchte mit Milch und Eiswürfeln in den Mixer geben und fein zerkleinern. Eventuell nach Geschmack (z. B. mit etwas Agaven- oder Apfeldicksaft) süßen.

Pro Portion: 5 g E, 2 g F, 27 g KH = 155 kcal
Der bunte Obst-Mix garantiert eine Vielzahl von wertvollen Inhaltsstoffen.

Info: Banane und Milch sind die Grundlage für diesen Smoothie, die anderen Obstsorten können Sie austauschen – ideal, wenn man versehentlich zu viel Obst eingekauft hat und alles auf einmal reif ist.

② Melonen-Buttermilch

Für 2 Portionen:
½ kleine Cantaloupe-Melone
1 Bio-Zitrone
300 ml Buttermilch

1. Die Kerne der Melone mit einem Löffel herausschaben. Die Schale mit einem großen Messer abschneiden und das Fruchtfleisch in grobe Stücke schneiden. Die Zitrone waschen und trocken reiben, 2 TL Schale fein abreiben, die Frucht halbieren und auspressen.
2. Melone mit Buttermilch, Zitronensaft und -schale in den Mixer geben und fein zerkleinern. Eventuell nach Geschmack süßen.

Pro Portion: 6 g E, 1 g F, 22 g KH = 130 kcal
Ein Drink mit einer sehr hohen Nährstoffdichte. Das bedeutet, dass bei verhältnismäßig wenigen Kalorien sehr viele Nährstoffe enthalten sind.

Info: Bunter Melonenmix: Verwenden Sie zur Abwechslung auch andere Melonensorten, wie z. B. Galia- oder Wassermelonen für diesen Drink. Seit kurzem werden in den Märkten Futuro-Melonen angeboten. Sie sind oval, grün gesprenkelt und besitzen ausgesprochen saftig-süßes Fruchtfleisch.

1 Granatapfel-Birnen-Molke

Für 2 Portionen:
2 Birnen
2 gehäufte EL Molkenpulver (30 g)
300 ml Mineralwasser
100 ml Granatapfelsaft

1. Die Birnen waschen, trocken reiben und schälen. Das Kerngehäuse herausschneiden und das Fruchtfleisch grob würfeln.
2. Birnenstücke mit Molkenpulver und Mineralwasser in den Mixer geben und fein zerkleinern. Die Birnenmolke in zwei Gläser füllen und den Granatapfelsaft über einen Löffelrücken darübergießen, sodass sich die beiden Schichten nur leicht mischen. Mit einem Cocktaillöffel oder einem dicken Strohhalm servieren.

Pro Portion: 2 g E, 1 g F, 34 g KH = 158 kcal
Granatapfelsaft enthält sehr viele Biovitalstoffe, die beispielsweise Ablagerungen an den Innenwänden der Blutbahnen verhindern sollen.

Info: In Reformhäusern und Bioläden gibt es Molke oft auch frisch zu kaufen. Für den Vorrat empfiehlt sich das haltbare Pulver, das dort ebenfalls angeboten wird.

2 Johannisbeer-Apfel-Dickmilch

Für 2 Portionen:
2 Orangen
150 g Johannisbeer-Apfelmark (Konserve)
150 g Dickmilch (1,5 % Fett)
1 TL Schokoladenraspel

1. Die Orangen über einer Schüssel filetieren und die Rückstände mit der Hand auspressen.
2. Johannisbeer-Apfelmark mit Orangenfilets und -saft in den Mixer geben. Die Dickmilch zufügen und alles fein zerkleinern.
3. Die Dickmilch in zwei Gläser füllen und mit den Schokoraspeln bestreut servieren.

Pro Portion: 4 g E, 2 g F, 31 g KH = 170 kcal
Die Vitamine in diesem Drink bringen Sie gesund durch die kalte Jahreszeit.

Info: Im Reformhaus und im Bioladen gibt es mehrere Sorten ungezuckertes Fruchtmark, z. B. Mango-Apfel, Birne-Apfel, Banane-Apfel. Sie eignen sich für den schnellen Vorrat, wenn die Zeit für einen Einkauf frischer Früchte mal nicht ausreicht.

1
2

1
2
3

1 Pfirsich-Melba-Shake

Für 2 Portionen:
2 Pfirsiche
250 ml Milch (1,5 % Fett)
2 kleine Kugeln Vanilleeis
¼ Vanilleschote
100 g TK-Himbeeren

1. Pfirsiche waschen und in Spalten vom Stein schneiden. Milch, Eiscreme und Pfirsiche im Mixer fein zerkleinern und nach Geschmack süßen. Den Pfirsich-Shake in zwei Gläser verteilen. Mixbecher säubern.
2. Die Vanilleschote mit einem spitzen Messer längs aufschneiden und das Mark herausschaben. Vanillemark mit den Himbeeren und 5 EL Wasser im Mixer pürieren und nach Geschmack süßen. Die Fruchtmasse auf den Pfirsich-Shake löffeln und die beiden Schichten mit einem Löffel leicht verquirlen.

Pro Portion:
6 g E, 7 g F, 27 g KH = 210 kcal
Der Tagesbedarf an Vitamin C und Kalium wird durch den Shake zu einem Viertel gedeckt.

Info: Für einen besonders fruchtigen Drink verwenden Sie Mango-, Maracuja- oder Pfirsich-Eiscreme.

2 Grüne Banane

Für 2 Portionen:
1 Banane
¼ Vanilleschote
2 kleine Kugeln Walnusseis
4–6 Eiswürfel
300 ml Milch (1,5 % Fett)
½ TL Matcha-Teepulver

1. Die Banane schälen und in dicke Scheiben schneiden. Die Vanilleschote mit einem spitzen Messer längs aufschneiden und das Mark herauskratzen.
2. Banane mit Vanillemark, Eiscreme, Eiswürfel, Milch und Matcha-Teepulver in den Mixer geben und fein zerkleinern. Nach Geschmack süßen und sofort servieren.

Pro Portion:
6 g E, 9 g F, 24 g KH = 208 kcal
Das Eiweiß sorgt für Sättigung, Matcha-Tee für einen Energie-Kick.

Info: Für Matcha-Teepulver wird grüner Tee noch heute mit Steinmühlen zu feinstem Puder zermahlen. Die wertvollen Inhaltsstoffe der Blätter werden so zu 100 % mitgetrunken.

3 Mango-Zitronen-Drink

Für 2 Portionen:
2 Stängel Zitronenmelisse
½ Mango (200 g)
½ Zitrone
300 ml Buttermilch
2 kleine Kugeln Zitronensorbet

1. Zitronenmelisse waschen und trocken schütteln. Die Blättchen vom Stiel zupfen und sehr fein schneiden. Die Mango schälen und das Fruchtfleisch grob würfeln, die Zitrone auspressen.
2. Fruchtstückchen, Zitronensaft, Buttermilch und Sorbet im Mixer fein zerkleinern und schaumig aufschlagen. Nach Geschmack süßen und die Zitronenmelisse unterrühren.

Pro Portion:
6 g E, 1 g F, 28 g KH = 160 kcal
Eiskaltes Vergnügen: Sorbet und Buttermilch enthalten kaum Fett.

Info: Buttermilch kann bis zu 10 % Wasser oder 15 % Magermilchpulver enthalten. Reine Buttermilch ist frei von Zusätzen.

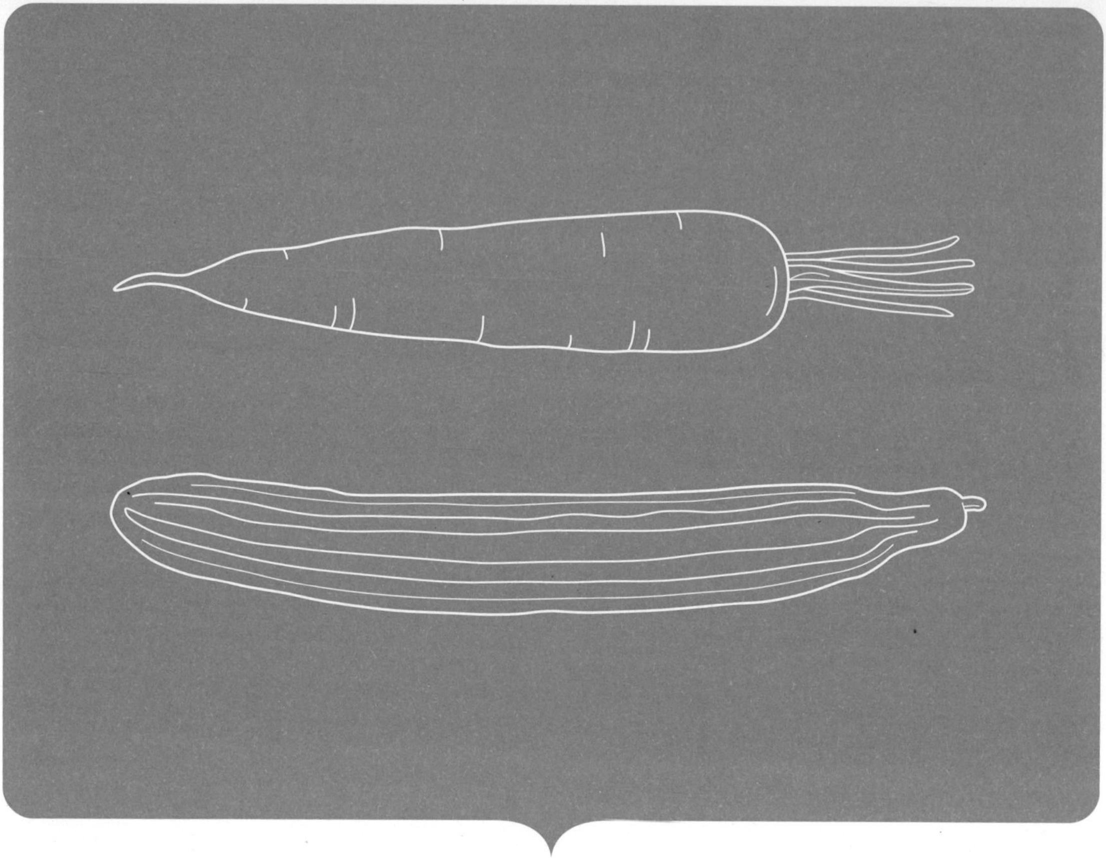

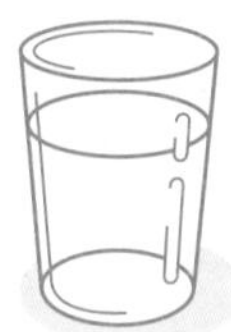

GEMÜSE-COCKTAILS

Drinks aus frischem Gemüse und duftenden Kräutern liegen voll im Trend. Ausprobieren lohnt sich, denn die raffinierten Kombinationen bringen eine Fülle von Nährstoffen ins Spiel, die reine Obst-Smoothies nicht bieten. Wenn Sie sich auf »Rohkost« im Glas einlassen, erleben Sie ein neues Spektrum an Aromen und Geschmacksnuancen. Gute Gründe, um vor dem Essen anstelle von Salat und Suppen öfter mal einen pikanten Smoothie-Cocktail zu servieren.

① Tomaten-Basilikum-Drink

Für 2 Portionen:
½ Limette
4 Stängel Basilikum
1 Dose Tomaten (400 g)
100 g Naturjoghurt (3,5 % Fett)
5–10 Eiswürfel
Salz, Pfeffer
4–6 Kapernäpfel

1. Die Limette auspressen. Basilikum waschen, trocken schütteln, die Blätter von den Stängeln zupfen und in feine Streifen schneiden.
2. Tomaten, Limettensaft, Basilikum, Joghurt und Eiswürfel in den Mixer geben und fein pürieren.
3. Mit Salz, Pfeffer und eventuell etwas Zucker abschmecken und in zwei Gläser füllen, Kapernäpfel dazulegen.

Pro Portion: 3 g E, 2 g F, 8 g KH = 74 kcal
Tomaten aus der Dose sind sonnengereifte Früchte, die im Ursprungsland direkt nach der Ernte verarbeitet werden. Sie garantieren aromatische Drinks rund ums Jahr.

Info: Die bekannteren, kleinen Kapern sind Knospen des Kapernstrauches, Kapernäpfel oder -beeren dagegen die pikant-würzigen Früchte.

② Tomatendrink mit Pfirsichen

Für 2 Portionen:
250 g Tomaten
250 g Pfirsiche
2 Stängel Zitronenmelisse
10 Eiswürfel
Salz
1 TL Balsamessig

1. Tomaten waschen, trocken reiben und den Stielansatz kegelförmig herausschneiden. Das Fruchtfleisch grob würfeln. Pfirsiche waschen, trocken reiben und in Spalten vom Stein schneiden. Zitronenmelisse waschen, trocken schütteln und in Streifen schneiden.
2. Tomaten, Pfirsiche, Zitronenmelisse und Eiswürfel in den Mixer geben und fein zerkleinern.
3. Den Drink leicht salzen, in zwei Gläser füllen und mit etwas Balsamessig beträufeln.

Pro Portion: 3 g E, 1 g F, 11 g KH = 71 kcal
Kalorienarmer und nährstoffreicher Erfrischungsdrink.

Info: Vor dem Essen als kleinen Appetizer anbieten und selbst gemachte Brotchips dazu servieren: Ein Brötchen längs in hauchdünne Scheiben schneiden, mit sehr wenig Olivenöl bepinseln und auf ein mit Backpapier belegtes Blech legen. Im vorgeheizten Backofen bei 200 °C ca. 6 Minuten knusprig rösten.

1
2

1
2

❷ Spinat-Ananas-Smoothie

Für 2 Portionen:
50 g frische Spinatblätter
300 g Ananas (ca. 200 g Fruchtfleisch)
2 TL Mandelmus
200 ml Mineralwasser
1 Prise geriebene Muskatnuss

1. Spinatblätter in stehendem Wasser waschen und abtropfen lassen. Grobe Stiele und welke Blätter entfernen, den Rest grob hacken.
2. Schale und inneren Strunk der Ananas abschneiden und das Fruchtfleisch grob würfeln.
3. Spinat, Ananas, Mandelmus und Mineralwasser in den Mixer geben und fein zerkleinern. Mit Muskatnuss abschmecken und eventuell etwas süßen. Sofort servieren.

Pro Portion: 2 g E, 4 g F, 8 g KH = 84 kcal
Grüne Blätter stecken voller Vitamine und Mineralstoffe. Auch zarte Kohlrabi- oder Radieschenblätter sind zum Wegwerfen viel zu schade. Verwenden Sie sie anstelle der Spinatblätter für diesen Drink.

Info: Für kleine Haushalte wird Ananas in den Obst- und Gemüseabteilungen großer Supermärkte auch scheibenweise verkauft. Greifen Sie zu, wenn Sie absehen können, dass Sie eine große Frucht nicht innerhalb weniger Tage aufbrauchen.

❶ Rote-Bete-Smoothie mit Melone

Für 2 Portionen:
200 g Rote Bete (gegart)
300 g Wassermelone (inkl. Schale)
2 Stängel Dill
½ Zitrone
100 g Naturjoghurt (1,5 % Fett)
100 ml Mineralwasser
Salz

1. Rote Bete grob schneiden. Mit einem spitzen Messer die Kerne aus der Wassermelone entfernen, das Fruchtfleisch von der Schale schneiden und grob würfeln. Dill waschen, trocken schütteln und die zarten Fähnchen von den Stielen zupfen. Die Zitrone auspressen.
2. Rote Bete, Wassermelone, Dill, Zitronensaft, Joghurt und Mineralwasser in den Mixer füllen und fein zerkleinern. Mit einer Prise Salz abschmecken.

Pro Portion: 4 g E, 1 g F, 18 g KH = 106 kcal
Rote Bete ist eine gute Quelle für Folsäure.

Info: Rote Bete gibt es in der Gemüseabteilung des Supermarktes vorgegart und vakuumverpackt. So können Sie diesen Smoothie ohne lange Kochzeit zubereiten. Wenn Sie Rote Bete aus dem Glas verwenden, lassen Sie den Zitronensaft am besten weg, denn die Rüben aus der Konserve sind bereits gesäuert.

① Tomatendrink mit Thymian

Für 2 Portionen:
1 Bio-Zitrone
4 Stängel Thymian
2 TL brauner Zucker
300 ml Tomatensaft
10–12 Eiswürfel

1. Zitrone waschen, trocken reiben und grob würfeln. Thymian waschen und trocken schütteln. Die Stängel grob schneiden und zusammen mit den Zitronenstückchen in zwei Gläser füllen. Den braunen Zucker darübergeben und die Zitronen mit einem Holzstößel zerdrücken.
2. Tomatensaft und 6 bis 8 Eiswürfel in den Mixer geben und fein zerkleinern.
3. Die restlichen Eiswürfel zu den Zitronen in das Glas geben und mit Tomatensaft auffüllen.

Pro Portion: 1 g E, 0 g F, 13 g KH = 63 kcal
Gemüsesaft enthält wenig Kalorien und viele Vitalstoffe – ein Grund, ihn öfter zu genießen.

Info: Wenn Sie Clementinen in Bio-Qualität kaufen können, nutzen Sie diese anstelle der Zitrone. Clementinen sind milder im Geschmack, passen aber ebenfalls hervorragend zu Tomaten und Thymian.

② Gelber Tomatendrink

Für 2 Portionen:
250 g gelbe Cocktailtomaten
½ Bio-Zitrone
250 ml Gemüsefond
Salz, Pfeffer
Meerrettich
75 ml Milch (1,5 % Fett)
1 TL Tomatenmark

1. Tomaten und Zitrone waschen und trocken reiben. Tomaten halbieren. Mit einer feinen Reibe etwa 1 TL Schale dünn von der Zitrone abreiben, Zitrone auspressen.
2. Tomaten mit Zitronensaft und Gemüsefond in den Mixer geben und fein zerkleinern. Mit Salz, Pfeffer, Meerrettich und Zucker nach Geschmack würzen.
3. Die Milch aufschäumen. Sobald der Schaum fest ist, das Tomatenmark und eventuell eine Prise Zucker unterziehen.
4. Den Tomatendrink in zwei Gläser füllen und den roten Milchschaum mit einem Löffel daraufsetzen. Die Zitronenschale darüberstreuen.

Pro Portion: 3 g E, 1 g F, 10 g KH = 68 kcal
Dieser erfrischende Drink ist reich an Vitamin C und Kalium.

Info: Meerrettich gibt diesem Drink eine scharfe Note. Dafür verantwortlich sind Glucosinolate, immunstärkende Pflanzenstoffe, die auch den Geschmack von Senf und Kresse prägen.

1
2

① Gurken-Kiwi-Drink

Gurke, Kiwi und Pfefferminze bilden eine grün-grüne Allianz.

③ Birnen-Gurken-Drink mit Buttermilch

Süße Birnen und Buttermilch ergänzen die saftigen Gurken zu einem erfrischenden Vitaldrink.

② Arabischer Gurken-Möhren-Smoothie

Kreuzkümmel verleiht Gurke und Möhre das spezielle Aroma.

Die besten Gurkendrinks

④ Griechischer Smoothie

Hirtensalat im Glas – typisch gewürzt mit Oregano.

⑤ Gurkendrink mit Sushi-Ingwer

Aromatischer »Auftakt« vor einem asiatischen Essen.

>> Die besten Gurkendrinks

Gurken werden zu Unrecht völlig unterschätzt. Dank ihres zurückhaltenden Geschmacks eignen sie sich hervorragend für Smoothies. Die preiswerten Früchte aus der Familie der Kürbisgewächse lassen sich vielfältig einsetzen. Sie vertragen sich wunderbar mit kräftigen Aromen und lassen sich auf viele Gewürze und Geschmacksrichtungen ein.

Mit ihrem hohen Wassergehalt von über 90 Prozent und dem frischen Duft bilden Salatgurken sowohl für pikante als auch süße Smoothies eine perfekte Grundlage.

Durstlöschende Drinks auf Gurkenbasis machen fast jeden kulinarischen Trend mit: Ob asiatisch mit Sushi-Ingwer, griechisch mit Oliven und Oregano, arabisch mit Kreuzkümmel oder »urdeutsch« mit Petersilie kombiniert – die kalorienarmen Früchte bringen die Aromafülle vieler Länder ins Glas.

1 Gurken-Kiwi-Drink

Für 2 Portionen:
1 Kiwi
250 g Salatgurke
2 Stängel Pfefferminze
200 ml Apfelsaft

1. Kiwi schälen, Stielansatz kegelförmig herausschneiden und Fruchtfleisch grob würfeln. Gurke waschen, trocken reiben und eventuell schälen. Minze waschen und trocken schütteln. Die Blätter vom Stängel zupfen und in feine Streifen schneiden.
2. Kiwi, Gurke und Minzeblätter zusammen mit dem Apfelsaft in den Mixer geben und fein zerkleinern.

Pro Portion:
1 g E, 0 g F, 19 g KH = 92 kcal
Mit gut 20 % der täglich notwendigen Menge an Kalium sorgt dieser Drink für einen ausgewogenen Wasser- und Mineralstoffhaushalt.

Info: Waschen Sie die Gurken gründlich ab, dann brauchen Sie die Schale nicht zu entfernen.

2 Arabischer Gurken-Möhren-Smoothie

Für 2 Portionen:
400 g Salatgurke
200 ml Möhrensaft
Salz
Pfeffer
200 g Naturjoghurt (1,5 % Fett)
gemahlener Kreuzkümmel

1. Die Gurke waschen, trocken reiben und eventuell schälen. Mit dem Möhrensaft im Mixer fein zerkleinern, mit Salz und Pfeffer abschmecken und in zwei Gläser füllen.
2. Joghurt mit etwas Salz und Kreuzkümmel abschmecken und dabei glattrühren. Zum Gurken-Möhren-Mix geben und mit einem langen Löffel etwas verstrudeln.
3. Alles mit gemahlenem Kreuzkümmel bestreuen und mit einem Strohhalm oder einem Cocktaillöffel servieren.

Pro Portion:
5 g E, 2 g F, 12 g KH = 90 kcal
Wenig Kalorien, viele Vitamine und Mineralstoffe – ein perfekter Snack.

Info: Neben Betacarotin, auch Provitamin A genannt, liefern Möhren viel Vitamin K. Dieses wenig bekannte Vitamin ist unverzichtbar, etwa für eine gesunde Blutgerinnung und für den Knochenstoffwechsel.

③ Birnen-Gurken-Drink mit Buttermilch

Für 2 Portionen:
400 g Salatgurke
1 Birne
1 Stängel Petersilie
100 ml Buttermilch
Salz
Cayennepfeffer
½ TL dunkles Sesamöl

1. Gurke und Birne waschen, trocken reiben und eventuell schälen. Das Kerngehäuse der Birne herausschneiden. Das Fruchtfleisch von Gurke und Birne grob würfeln. Petersilie waschen, trocken schütteln und die Blättchen vom Stängel zupfen.
2. Birne und Gurke mit der Buttermilch und der Petersilie in den Mixer geben und fein zerkleinern.
3. Mit Salz und Cayennepfeffer abschmecken und in zwei Gläser füllen. Mit dem Sesamöl beträufeln und sofort servieren.

Pro Portion:
3 g E, 2 g F, 13 g KH = 82 kcal
Mit gut 3 g Ballaststoffen ein Drink, der mit nur wenig Kalorien satt macht.

Info: Das aromatische, dunkle Sesamöl wird aus gerösteten Samen gewonnen. Kleine Mengen reichen zum Abschmecken aus.

④ Griechischer Smoothie

Für 2 Portionen:
200 g Salatgurke
1 gelbe Paprikaschote
1 kleine Knoblauchzehe
300 ml Tomatensaft
5–10 Eiswürfel
Oregano
Salz
Pfeffer
2 schwarze Oliven

1. Die Gurke waschen, trocken reiben, schälen und grob würfeln. Die Paprikaschote waschen, trocken reiben und halbieren. Stielansatz, Rippen und Kerne herausschneiden und das Fruchtfleisch grob würfeln. Knoblauchzehe schälen und vierteln.
2. Gurken, Paprika, Knoblauch, Tomatensaft und Eiswürfel in den Mixer geben und fein zerkleinern.
3. Mit Oregano, Salz und Pfeffer würzen und in zwei Gläser füllen. Mit gehackten Oliven bestreuen.

Pro Portion:
2 g E, 1 g F, 8 g KH = 57 kcal
Ihr täglicher Bedarf an Vitamin C ist mit diesem Drink gedeckt.

Info: Auch als Auftakt für ein Gästemenü geeignet. Dazu reichen Sie Schafskäsewürfel auf Holzspießen.

⑤ Gurkendrink mit Sushi-Ingwer

Für 2 Portionen:
300 g Salatgurke
2 Frühlingszwiebeln
250 ml Sojadrink
1 EL Sushi-Ingwer (eingelegter Gari-Ingwer aus dem Glas)
Sojasauce
Pfeffer

1. Die Gurke waschen, trocken reiben und eventuell schälen. Frühlingszwiebeln waschen und putzen.
2. Gurke und Frühlingszwiebeln grob schneiden, zusammen mit Sojadrink und Sushi-Ingwer in den Mixer geben und fein zerkleinern. Mit Sojasauce und Pfeffer pikant abschmecken.

Pro Portion:
5 g E, 2 g F, 9 g KH = 86 kcal
Sojadrink enthält weder Cholesterin noch Laktose, dafür aber hochwertiges Eiweiß.

Info: Traditionell gebraute Sojasaucen werden mit natürlichen Zutaten in monatelanger Gärung hergestellt. Billigangebote entstehen im Schnellverfahren ohne Gärung. Sie werden hinterher mit Sirup, Aromen und Farbstoffen versetzt. Ein Blick auf die Zutatenliste lohnt sich.

1
2

① Selleriedrink mit Kiwi

Für 2 Portionen:
6 kleine Stangen Staudensellerie (möglichst mit Blättern)
2 Kiwis
200 ml Orangensaft
einige Tropfen Tabasco

1. Staudensellerie waschen, Wurzel- und Blattansatz abschneiden und die Fäden auf der runden Seite der Stangen abziehen. Zwei Stangen beiseitelegen, die anderen Stangen grob schneiden. Die Sellerieblätter waschen, trocken schütteln und grob hacken. Kiwis schälen, den Stielansatz kegelförmig herausschneiden und das Fruchtfleisch grob würfeln.
2. Staudensellerie, Sellerieblätter und Kiwi mit dem Orangensaft in den Mixer geben und fein zerkleinern.
3. In zwei Gläser füllen und mit etwas Tabasco beträufeln. Jedes Glas mit je einer Stange Staudensellerie servieren.

Pro Portion: 2 g E, 0 g F, 18 g KH = 106 kcal
6 g Ballaststoffe sind in jedem Glas, das macht satt!

Info: Für einen milderen Drink mit weniger Säure wählen Sie gelbe oder »Gold«-Kiwis.

② Radieschendrink mit Apfel

Für 2 Portionen:
1 Bund Radieschen
1 Apfel
150 ml Milch (1,5 % Fett)
5–10 Eiswürfel

1. Radieschen und einige schöne Radieschenblätter waschen. Die Blätter trocken schütteln und fein schneiden, die Radieschen grob schneiden. Apfel waschen, trocken reiben und eventuell schälen. Das Kerngehäuse herausschneiden und das Fruchtfleisch grob würfeln.
2. Radieschen, Apfel, Milch und Eiswürfel in den Mixer geben und fein zerkleinern. Eventuell mit etwas Zucker und Salz abschmecken.
3. Den Drink in zwei Gläser füllen und mit den Kräuterstreifen bestreuen.

Pro Portion: 3 g E, 1 g F, 21 g KH = 110 kcal
Das Senföl in Radieschen wirkt antibakteriell und fördert die Bildung von Verdauungssäften.

Info: Radieschen sind Ihnen zu scharf im Geschmack? Verwenden Sie stattdessen weißen Rettich oder Mairübchen. Sommerradieschen aus dem Freiland sind übrigens besonders scharf.

1 Apfel-Möhren-Saft mit Walnüssen

Für 2 Portionen:
1 Apfel
400 ml Möhrensaft
20 g Walnusskerne
2 Stängel Petersilie
Salz
½ TL Walnussöl

1. Den Apfel waschen, trocken reiben und eventuell schälen. Das Kerngehäuse entfernen und das Fruchtfleisch grob würfeln.
2. Apfel mit Möhrensaft und Walnüssen in den Mixer geben und fein zerkleinern.
3. Petersilie waschen, trocken schütteln und die Blätter von den Stielen zupfen. Fein hacken und unter den Drink rühren.
4. Mit einer Prise Salz und nach Geschmack mit etwas Zucker abschmecken, in zwei Gläser füllen und mit einigen Tropfen Walnussöl beträufeln.

Pro Portion: 3 g E, 8 g F, 24 g KH = 188 kcal
Enthält ein Drittel des täglich benötigten Vitamin E.

Info: Studien haben nachgewiesen, dass der tägliche Verzehr von kleinen Mengen Nüssen und Mandeln die Herz- und Venengesundheit positiv beeinflussen und helfen, den Cholesterinspiegel zu senken.

2 Mango-Möhren-Smoothie

Für 2 Portionen:
1 Mango (400 g)
1 TL Sonnenblumenkerne
300 ml Möhrensaft
3 EL Zitronensaft
1 Stängel Pfefferminze

1. Die Mango schälen, das Fruchtfleisch vom Stein lösen und grob würfeln.
2. Mango, Sonnenblumenkerne, Möhren- und Zitronensaft in den Mixer geben und fein zerkleinern.
3. Die Pfefferminze waschen und trocken schütteln. Die Blätter vom Stiel zupfen und in feine Streifen schneiden. Unter den Drink rühren, eventuell mit etwas Zucker abschmecken und sofort servieren.

Pro Portion: 2 g E, 2 g F, 26 g KH = 136 kcal
Schon ein Glas sichert den Provitamin-A-Bedarf des Tages.

Info: Mangos geben ebenso wie Äpfel größere Mengen vom Reifegas Ethylen ab. Sie sollten daher nicht zusammen mit anderem Obst gelagert werden.

1
2

1
2
3

① Petersilien-Lassi

Für 2 Portionen:
½ Bund Petersilie
200 g Naturjoghurt (1,5 % Fett)
300 ml Mineralwasser
2 TL Kapern
Salz
Pfeffer

1. Die Petersilie waschen, trocken schütteln, die Blätter von den Stielen zupfen und grob hacken.
2. Petersilie mit Joghurt, Mineralwasser und Kapern im Mixer fein zerkleinern und mit etwas Salz abschmecken.
3. In zwei Gläser füllen und nach Geschmack mit etwas Pfeffer bestreut servieren.

Pro Portion:
4 g E, 1 g F, 5 g KH = 52 kcal
Erfrischender Drink samt einer Extraportion Kalzium und Eiweiß.

Info: In asiatischen Ländern trinkt man den traditionellen Lassi aus Joghurt und Wasser gern zu scharfen Speisen, da er die Schärfe mildert. Hier eine erfrischende europäische Abwandlung.

② Kräuterdrink mit Kürbiskernöl

Für 2 Portionen:
1 Handvoll gemischter Kräuter (z. B. abgepackte Kräuter für Frankfurter Grüne Sauce)
500 ml Buttermilch
Salz
Pfeffer
1–2 TL Kürbiskernöl
eventuell 2 Borretsch- oder Kapuzinerkresseblüten

1. Die Kräuter waschen und trocken schütteln. Die Blätter von den Stielen zupfen und grob hacken, Schnittlauch in Röllchen schneiden.
2. Kräuter zunächst mit einem Teil der Buttermilch im Mixer fein pürieren, dann die restliche Buttermilch zugießen und schaumig aufschlagen.
3. Mit einer Prise Salz und Pfeffer abschmecken. Mit dem Kürbiskernöl beträufelt und nach Geschmack mit Borretsch- oder Kapuzinerkresseblüten servieren.

Pro Portion:
9 g E, 3 g F, 11 g KH = 116 kcal
Kräuter enthalten eine Vielzahl bioaktiver Substanzen und anregende Aromen.

Info: Sie können auch alle Arten von Wildkräutern verwenden, z. B. Löwenzahn, Giersch oder Brennnessel, sogar Gänseblümchen.

③ Safran-Basilikum-Drink

Für 2 Portionen:
5 Stängel Basilikum
200 g Naturjoghurt (1,5 % Fett)
150 ml Apfelsaft
150 ml Mineralwasser
½ Döschen Safran (0,05 g)
Kardamompulver

1. Basilikum waschen und trocken schütteln. Die Blätter von den Stängeln zupfen und in sehr feine Streifen schneiden.
2. Joghurt, Apfelsaft, Mineralwasser und Safran in den Mixer geben und schaumig aufschlagen.
3. Die Basilikumstreifen unter den Drink rühren, in zwei Gläser füllen und mit wenig Kardamompulver bestreut servieren.

Pro Portion:
3 g E, 1 g F, 15 g KH = 93 kcal
Verwenden Sie reinen Fruchtsaft für den Drink. Am kräftigsten im Geschmack und besonders gesund: naturtrüber Saft.

Info: Dieser Drink schmeckt auch mit anderen Fruchtsäften köstlich. Probieren Sie ihn zum Beispiel mit Birnen- oder weißem Traubensaft.

1 Paprika-Melonen-Drink

Für 2 Portionen:
1 grüne Paprikaschote
300 g Honigmelone
1 kleine Zwiebel
4 Zweige Thymian
200 ml Gemüsefond
1 EL Essig
1 EL Olivenöl
Salz
Cayennepfeffer

1. Paprikaschote waschen, trocken reiben und halbieren. Stielansatz, Rippen und Kerne herausschneiden. Die Melone in Spalten schneiden, die Kerne mit einem Löffel heraustrennen und das Melonenfruchtfleisch von der Schale schneiden. Die Zwiebel schälen. Paprika, Melone und Zwiebel grob würfeln und in den Mixer füllen.
2. Thymian waschen und trocken schütteln. Zwei Zweige beiseitelegen, die Blätter von den restlichen Zweigen abzupfen und zusammen mit dem Gemüsefond, Essig und ½ EL Olivenöl zu den anderen Zutaten in den Mixer geben. Alles fein zerkleinern.
3. Den Mix mit Salz und Cayennepfeffer abschmecken, in zwei Gläser füllen und mit dem restlichen Olivenöl beträufeln. Thymianzweige dazulegen.

Pro Portion: 2 g E, 5 g F, 17 g KH = 127 kcal
Provitamin A ist nicht nur wichtig für den Sehvorgang, sondern auch für Aufbau und Funktion von Haut und Schleimhäuten. Ein Glas deckt den ganzen Tagesbedarf!

Info: Zum Drink passt geröstetes Knoblauchbaguette. Dafür Brotscheiben im Toaster oder im Backofen knusprig rösten. Eine Knoblauchzehe schälen und direkt auf dem Brot zerreiben.

2 Sauerkrautsaft mit Seidentofu und Paprika

Für 2 Portionen:
1 kleine rote Paprikaschote
ca. 10 g Ingwer
200 ml Sauerkrautsaft
100 g Seidentofu
1 Msp. Currypaste oder ½ TL Currypulver
Salz

1. Die Paprikaschote waschen, trocken reiben und halbieren. Stielansatz, Rippen und Kerne herausschneiden und das Fruchtfleisch grob würfeln. Den Ingwer schälen und reiben oder sehr fein hacken.
2. Paprika, Ingwer, Sauerkrautsaft, Seidentofu und Currypaste in den Mixer geben und fein zerkleinern. Mit Salz abschmecken und sofort servieren.

Pro Portion: 4 g E, 3 g F, 5 g KH = 68 kcal
Probiotische Milchsäurebakterien im Sauerkrautsaft unterstützen das Immunsystem.

Info: Tofu enthält neben zahlreichen Mineralstoffen vor allem hochwertiges Eiweiß. Für Seidentofu lässt der Hersteller den Tofu nicht abtropfen, sodass die Konsistenz an stichfesten Joghurt erinnert.

1
2

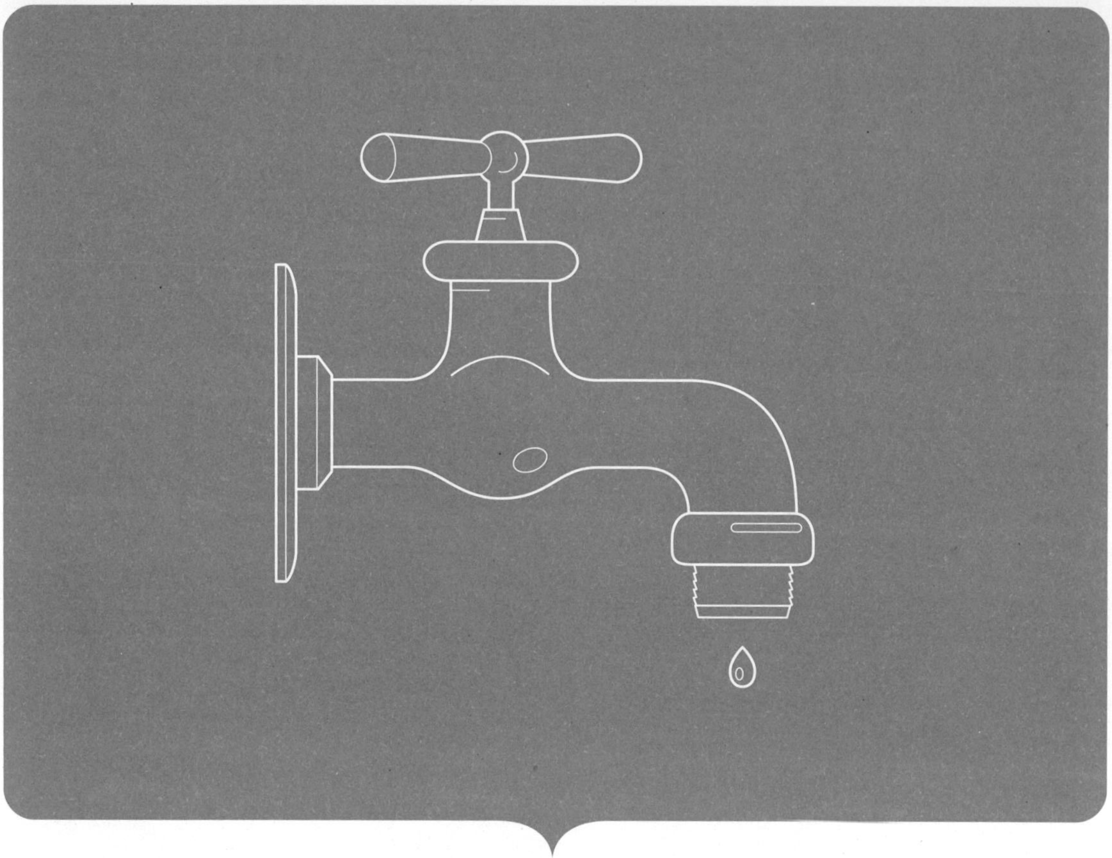

DURSTLÖSCHER

Cola war gestern. Heute erfrischen spritzige Drinks mit Früchten, Saft und Tee. Dabei löschen sie nicht nur großen Durst, mit ihnen kann man sich selbst, Familie und Freunde so richtig verwöhnen. Kein Wunder, dass alkoholfreie Cocktails, Bowlen und Limonaden auch auf Partys immer beliebter werden – und zwar nicht nur bei Autofahrern. Geschmacklich und optisch stellen sie jeden Fertigdrink in den Schatten.

1
2

① Rhabarber-Spritz

Für 4 Portionen:
2 Orangen
400 g Rhabarber
ca. 10 g Ingwer
1 l Mineralwasser

1. Orangen halbieren, auspressen und den Saft in Eiswürfelbehälter einfrieren.
2. Den Rhabarber waschen, putzen, dabei den Stiel- und Blattansatz abschneiden und die dünne Rhabarberhaut mit dem Messer abziehen. Die Stangen in feine Scheiben schneiden. Den Ingwer schälen und reiben oder sehr fein hacken.
3. Rhabarber, Ingwer und 200 ml Wasser aufkochen, 5 bis 10 Minuten garen, bis der Rhabarber zerfallen ist. Alles bei Zimmertemperatur abkühlen lassen, dann in den Kühlschrank stellen.
4. Den Rhabarber im Mixer fein zerkleinern und nach Geschmack süßen. Orangen-Eiswürfel in vier Gläser füllen und mit Rhabarber und Mineralwasser auffüllen.

Pro Portion: 1 g E, 0 g F, 5 g KH = 32 kcal
Rhabarber enthält sehr viele Ballaststoffe, sodass in einem Glas 10 % der täglich empfohlenen Menge steckt.

Info: Roh ist Rhabarber ungenießbar. Seine Vorzüge entfaltet er erst nach kurzer Garzeit.

② Vitamin-C-Bowle

Für 2 Portionen:
2 Kiwis
2 große Saftorangen
1 Zitrone
1 Bio-Mandarine
4–6 Eiswürfel
100 ml Mineralwasser

1. Kiwis schälen, Stielansatz kegelförmig herausschneiden und Fruchtfleisch grob würfeln. Orangen halbieren und auspressen. Zitrone und Mandarine halbieren, von der Mandarine einige hauchdünne Scheiben abschneiden und beiseitelegen, die vier Hälften auspressen. Alles zusammen mit den Kiwis und Orangensaft in den Mixer geben und fein zerkleinern. Nach Geschmack (z. B. mit Honig) süßen.
2. Die Eiswürfel und die Mandarinenscheiben auf zwei Gläser verteilen und mit dem Saft sowie dem Mineralwasser auffüllen. Mit einem dicken Strohhalm servieren.

Pro Portion: 2 g E, 1 g F, 25 g KH = 138 kcal
Zurzeit seelisch oder körperlich stark beansprucht? Dann steigt der Vitamin-C-Bedarf. Gönnen Sie Ihrem Körper mit über 100 mg einen kräftigen Vitamin-C-Kick.

Info: Sie mögen es lieber herb statt süß? Verwenden Sie Grapefruits statt Orangen für die Bowle.

1 Litschidrink mit Zitronenmelisse

Für 2 Portionen:
10 Litschis
1 kleiner Apfel
2 Stängel Zitronenmelisse
8–10 Eiswürfel
150 ml Mineralwasser

1. Litschis schälen und Kerne entfernen. Das Fruchtfleisch grob schneiden. Den Apfel waschen, trocken reiben und schälen. Das Kerngehäuse herausschneiden und das Fruchtfleisch grob würfeln.
2. Zitronenmelisse waschen und trocken schütteln. Die Spitzen der Zweige abschneiden und beiseitelegen, die übrigen Blättchen von den Stängeln zupfen.
3. Litschis, Apfel, Blätter der Zitronenmelisse und Eiswürfel in den Mixer geben und fein zerkleinern. In zwei Gläser füllen, mit Mineralwasser auffüllen und mit je einem Zweig Zitronenmelisse garnieren.

Pro Portion: 1 g E, 0 g F, 20 g KH = 90 kcal
Etwa 100 g Litschis werden pro Glas verarbeitet – damit decken Sie den Tagesbedarf an Vitamin C zu knapp 60 %.

Info: Deutlich milder schmeckt der Drink, wenn Sie statt des Apfels eine Birne verwenden. Sie enthält zwar genauso viel Zucker wie ein Apfel, aber erheblich weniger Säure.

2 Mangoschorle mit Eiswürfeln aus Granatäpfeln

Für 4 Portionen:
2 Granatäpfel
1 kleine Mango (300 g)
1 Bio-Limette
800 ml Mineralwasser

1. Die Granatäpfel halbieren und auf der Zitruspresse auspressen. Den Saft in Eiswürfelbehälter füllen und einfrieren.
2. Die Mango schälen, das Fruchtfleisch vom Stein schneiden und grob würfeln. Die Limette abwaschen und trocknen. Mit einer feinen Reibe etwa 1 TL Schale abreiben, die Frucht halbieren und auspressen.
3. Mango mit Limettensaft und -schale in den Mixer geben und fein zerkleinern. Das Mineralwasser zugeben, kurz untermixen und nach Geschmack süßen.
4. Die Granatapfel-Eiswürfel auf vier Gläser verteilen, die Mangoschorle darübergießen.

Pro Portion: 0 g E, 0 g F, 15 g KH = 72 kcal
Granatäpfel liefern Polyphenole, die eine schützende Wirkung auf die Blutgefäße haben sollen.

Info: Granatäpfel sind fast das ganze Jahr über im Handel, denn die buschähnlichen Bäume gedeihen überall dort, wo es warm ist. Reife Früchte sind dunkelrot bis violett, kleine Risse und Narben mindern die Qualität nicht.

1
2

Fünf erfrischende Eistees

① Melonen-Fenchel-Tee

Fenchel und Rosmarin duften um die Wette.

② Rooibos-Minz-Tee mit Nektarinen

Klasse Idee: Gefrorene Himbeeren ersetzen die Eiswürfel.

③ Süßer Vitaminshot

Eiskalter Früchtepunsch mit Datteln und Rosinen.

⑤ Beeriger Ingwertee

Ingwertee wirkt anregend und erfrischt mit Johannisbeer-Eiswürfeln auf leichte Art.

④ Litschi-Physalis-Tee

Physalis und Litschis unterstreichen das Aroma des zart duftenden Holunderblütentees.

>> Fünf erfrischende Eistees

Das hier sind keine handelsüblichen Eisteesorten aus Tee und Kräuterextrakten. Sie sind viel gesünder und schmecken auch intensiver als die Erfrischungsgetränke, die in Flaschen und Kartonverpackungen ganze Regale des Supermarkts füllen. Anders als unsere Eistees enthält die Handelsware große Mengen Zucker und künstliche Aromastoffe. Die erhofften wertvollen Tee-Extrakte und frischen Früchte oder Säfte sind – wenn überhaupt – nur in winzigen Mengen vorhanden.

Die Eistees, die wir hier vorstellen, sind echte Wellness-Drinks mit tollen Zutaten. Das Selbermachen gelingt ganz einfach und schnell. Ausprobieren lohnt, denn Eistees bieten mit ihrer großen Bandbreite köstlicher Aromen völlig neue Geschmackserlebnisse. Von herb-aromatisch bis blumig-duftend. Wenn Sie Ihren Lieblingstee gefunden haben, stellen Sie gleich eine ganze Flasche in den Kühlschrank. Dann ist der nächste Erfrischungsdrink immer schon in Reichweite.

1 Melonen-Fenchel-Tee

Für 2 Portionen:

2 TL oder 2 Teebeutel Fencheltee
1 Zweig frischer Rosmarin
¼ Honigmelone (ca. 250 g)

1. Den Fencheltee und den Rosmarinzweig mit 400 ml kochendem Wasser übergießen und 5 Minuten ziehen lassen. Abgießen und zunächst bei Zimmertemperatur abkühlen lassen, dann im Kühlschrank kalt stellen.
2. Kerne und Schale der Melone entfernen und aus dem Fruchtfleisch ein paar Früchtekugeln ausstechen (oder einen Teil der Melone in Würfel schneiden). Das restliche Fruchtfleisch mit den Eiswürfeln und dem Tee im Mixer fein zerkleinern.
3. Den Tee nach Geschmack süßen und mit den Melonenkugeln in Gläsern servieren.

Pro Portion:
1 g E, 0 g F, 10 g KH = 48 kcal
Fast 30 % der täglich benötigten Vitamin-C-Menge sind in einem Glas enthalten.

Info: Wer den Geschmack des Fencheltees schätzt, profitiert von seiner magenfreundlichen Wirkung. Deshalb kann man diesen Drink auch als Digestif nach einem guten Essen servieren.

2 Rooibos-Minz-Tee mit Nektarinen

Für 2 Portionen:

1 TL oder 1 Teebeutel Rooibostee
1 TL oder 1 Teebeutel Pfefferminztee
2 kleine Nektarinen
10–14 TK-Himbeeren

1. Rooibos- und Pfefferminztee mit 400 ml kochendem Wasser übergießen und 5 Minuten ziehen lassen. Abgießen und zunächst bei Zimmertemperatur abkühlen lassen, dann im Kühlschrank kalt stellen.
2. Nektarinen waschen, trocken reiben und in Spalten vom Stein schneiden. Nektarinen mit Tee in den Mixer geben und fein zerkleinern.
3. Die gefrorenen Himbeeren in zwei Gläser verteilen und mit dem Tee auffüllen. Mit langstieligen Löffeln servieren.

Pro Portion:
1 g E, 0 g F, 12 g KH = 57 kcal
Der Drink enthält wenig Kalorien, jedoch rund 10 % der täglich benötigten Mengen an Kalium und Vitamin C.

Info: Den fruchtigen Tee gleich trinken, er »entmischt« sich nach einiger Zeit.

③ Süßer Vitaminshot

Für 2 Portionen:
2 TL oder 2 Teebeutel Früchtetee
2–3 Datteln (ca. 20 g)
20 g Rosinen
2 Blutorangen

1. Früchtetee mit 300 ml kochendem Wasser überbrühen, 5 Minuten ziehen lassen. Den Tee abgießen. Datteln würfeln und mit den Rosinen zum Tee geben. Zunächst bei Zimmertemperatur abkühlen lassen, dann im Kühlschrank kalt stellen.
2. Orangen halbieren und auspressen. Zum eiskalten Tee geben und sofort mit einem Cocktaillöffel servieren.

Pro Portion:
1 g E, 0 g F, 22 g KH = 103 kcal
Trockenfrüchte sind eine gute Vitamin- und Mineralstoffquelle. Da sie sehr süß sind, kommt dieser Tee gut ohne weitere Zuckerzugabe aus.

Info: Nur am Anfang des Jahres kommen die aromatischen Blutorangen auf den Markt. Zugreifen lohnt, denn ihr rotes Fruchtfleisch enthält besonders viel Anthocyane. Diesen natürlichen Farbpigmenten werden vielfältige Gesundheitswirkungen, zum Beispiel auf Herz und Kreislauf, zugeschrieben.

④ Litschi-Physalis-Tee

Für 2 Portionen:
2 TL oder 2 Beutel Holunderblütentee
10 Litschis
15 Physalis

1. Holunderblütentee mit 300 ml kochendem Wasser aufbrühen, 5 Minuten ziehen lassen. Den Tee abgießen und auf Zimmertemperatur abkühlen lassen. Dann im Kühlschrank kalt stellen.
2. Die Litschis schälen und den Kern herausschneiden. Die Blatthüllen der Physalis entfernen.
3. Früchte und kalten Tee in den Mixer geben und fein pürieren. Nach Geschmack süßen.

Pro Portion:
1 g E, 0 g F, 19 g KH = 96 kcal
Dieser frische Durstlöscher enthält fast 50 % der täglich benötigten Menge an Vitamin C.

Info: Holunderblütentee dient vor allem als Naturheilmittel zur Bekämpfung von Erkältungen. Eigentlich schade, denn der blumig duftende Tee schmeckt auch in gesunden Zeiten.

⑤ Beeriger Ingwertee

Für 2 Portionen:
100 g rote Johannisbeeren
50 ml roter Fruchtsaft (Kirsch- oder Traubensaft)
ca. 10 g Ingwer
½ Bio-Zitrone

1. Johannisbeeren waschen, abtropfen lassen und die Beeren vom Stiel streifen. Mit dem Fruchtsaft in den Mixer geben und fein zerkleinern, in Eiswürfelbehälter gefüllt einfrieren.
2. Geschälten Ingwer in dünne Scheiben schneiden. Mit 400 ml kochendem Wasser überbrühen und nach 5 Minuten abgießen. Abkühlen lassen und danach kalt stellen.
3. Zitrone abwaschen und trocknen. Zwei Streifen von der Schale abschälen, mit den Eiswürfeln in zwei Gläser geben. Ingwertee mit ausgepresstem Zitronensaft verrühren, nach Geschmack süßen und über Zitronenschale und Eiswürfel gießen.

Pro Portion:
0 g E, 0 g F, 4 g KH = 26 kcal
Erfrischender, kalorienarmer Drink mit einer Extraportion Kalium und Vitamin C.

Info: Je länger Sie den Tee mit den Ingwerscheiben ziehen lassen, um so intensiver gerät der Geschmack.

1
2
3

① Rhabarbercrush auf Heidelbeeren

Für 2 Portionen:
100 g Heidelbeeren
150 ml Sauerkirschsaft
100 ml Rhabarbernektar
6–8 Eiswürfel

1. Die Heidelbeeren in stehendem Wasser waschen und abtropfen lassen. Zusammen mit dem Kirschsaft in den Mixer geben und fein zerkleinern, nach Geschmack süßen. Die Heidelbeer-Mischung in zwei Gläser geben und den Mixer kurz ausspülen.
2. Rhabarbernektar und Eiswürfel in den Mixer geben und so lange mixen, bis das Eis ganz fein gecrusht ist. Rhabarber-Eis mit einem Löffel vorsichtig auf den Drink setzen und sofort servieren.

Pro Portion:
0 g E, 0 g F, 17 g KH = 83 kcal
Heidelbeeren enthalten Gerbsäure und Ballaststoffe. Eine günstige Mischung für eine darmgesunde Ernährung.

Info: Falls Sie tiefgefrorene Heidelbeeren für diesen Drink verwenden, lassen Sie die Früchte vorher vollkommen auftauen. Sonst mischen sich die beiden Schichten, Eiskristalle gefrorener Früchte setzen sich oben auf dem Drink ab.

② Süßer Dreischichtendrink

Für 2 Portionen:
8 EL Holunderbeersaft
2 TL Puderzucker
100 ml Mangonektar
100 ml Mineralwasser
2–3 EL Sahne

1. Holunderbeersaft mit Puderzucker verrühren und in zwei schmale, hohe Gläser füllen.
2. Den Mangonektar mit Mineralwasser mischen und vorsichtig über einen Löffelrücken auf den dunklen Saft gießen.
3. Die Sahne ebenfalls über einen Löffelrücken darübergießen und mit einem Trinkhalm servieren.

Pro Portion:
1 g E, 4 g F, 14 g KH = 100 kcal
Gelbe und rote Früchte sorgen für Vitamin C und Betacarotin.

Info: Physik im Alltag: Zucker sorgt dafür, dass der Holunderbeersaft eine höhere Dichte bekommt. Deshalb bleibt er als dunklere Schicht unten im Glas und mischt sich nicht sofort mit der Saftschorle darüber.

③ Apfel auf Blutorangen

Für 2 Portionen:
1 kleiner Apfel
¼ Vanilleschote
150 ml Apfelsaft
4–6 Eiswürfel
2 Blutorangen

1. Den Apfel waschen und trocken reiben. Das Kerngehäuse herausschneiden und das Fruchtfleisch grob würfeln. Die Vanilleschote mit einem spitzen Messer längs aufschneiden und das Mark herausschaben.
2. Apfel, Vanille, Apfelsaft und Eiswürfel in den Mixer geben und fein zerkleinern. Eventuell nach Geschmack süßen und in zwei Gläser füllen.
3. Die Blutorangen auspressen und den Saft seitlich in die Gläser gießen. Der Orangensaft setzt sich unten ab.

Pro Portion:
0 g E, 0 g F, 27 g KH = 120 kcal
Sekundäre Pflanzenstoffe aus Blutorangen und Apfel wirken positiv auf das Herz-Kreislauf-System.

Info: Auch mit hellen Saftapfelsinen zubereitet schmeckt der Drink wunderbar – der Unterschied zwischen den Saftschichten ist dann allerdings nicht ganz so klar erkennbar.

① Ananas-Orangen-Drink

Für 2 Portionen:
150 g Ananas
1 Orange
½ Zitrone
ca. 10 g Ingwer
1 EL Mandelmus
200 ml Mineralwasser
Eiswürfel

1. Die Ananas schälen, den harten Strunk in der Mitte entfernen und das Fruchtfleisch grob würfeln. Die Orange halbieren, Orange und Zitrone auspressen.
2. Den Ingwer schälen und auf einer feinen Reibe am besten direkt in das Mixgefäß reiben. Ananas, Orangen- und Zitronensaft, Mandelmus und Mineralwasser ebenfalls in den Mixer geben und alles fein zerkleinern. Nach Geschmack (z. B. mit Agavendicksaft) süßen.
3. Eiswürfel in zwei Gläser verteilen und den Drink daraufgießen.

Pro Portion: 3 g E, 5 g F, 16 g KH = 128 kcal
Einfach ungesättigte Fettsäuren, z. B. aus Nüssen und Mandeln, können den Cholesterinspiegel senken.

Info: Die Farbe der Ananas sagt nichts über ihren Reifegrad aus. Kaufen Sie ruhig auch grünschalige Früchte, wenn sie aromatisch duften und die inneren Blätter sich leicht herausziehen lassen.

② Alkoholfreie Sangria mit Zitrusfrüchten

Für 4 Portionen:
2 Orangen, davon 1 Bio-Orange
1 Bio-Zitrone
1 Zimtstange
500 ml roter Traubensaft
500 ml Mineralwasser

1. Bio-Orange und Zitrone abwaschen und trocken reiben. Die Früchte zuerst halbieren, dann in dünne Scheiben schneiden. Die Fruchtscheiben und die Zimtstange in eine Glaskaraffe mit großer Öffnung geben.
2. Die zweite Orange filetieren und mit dem Traubensaft in den Mixer geben und fein zerkleinern.
3. Trauben-Orangen-Mix und Mineralwasser in die Glaskaraffe geben, die Sangria nach Geschmack süßen und nach Belieben mit Eiswürfeln servieren.

Pro Portion: 1 g E, 0 g F, 20 g KH = 92 kcal
Zitrusfrüchte sorgen für eine besonders gute Vitamin-C-Versorgung.

Info: Sie planen eine große Party? Vervielfachen Sie einfach die Zutaten für die Sangria und bereiten Sie das Getränk in einem Bowlengefäß zu. Statt einer größeren Menge Orangen- und Zitronenscheiben können Sie auch eine Mischung aus Apfel-, Birnen- und Bananenstückchen oder Weintrauben in die Bowle geben.

1
2

1
2
3

1 Clementinen-limonade

Für 2 Portionen:
2 Clementinen
ca. 10 g Ingwer
100 ml Apfelsaft
200 ml Mineralwasser
Eiswürfel

1. Die Clementinen schälen, die weiße, pelzige Haut restlos entfernen und die Segmente in den Mixer geben.
2. Den Ingwer schälen und auf einer feinen Reibe am besten direkt in das Mixgefäß reiben. Apfelsaft und Mineralwasser zugeben und fein zerkleinern.
3. Die Limonade nach Geschmack (z. B. mit braunem Zucker) süßen und auf Eiswürfeln servieren.

Pro Portion:
0 g E, 0 g F, 12 g KH = 54 kcal
Clementinen versorgen einen mit mehr als einem Drittel der täglich benötigten Menge an Betacarotin.

Info: Der wesentliche Inhaltsstoff von Ingwer ist das Gingerol. Es sorgt für den scharfen Geschmack und für die Wirksamkeit der Wurzelknolle. Reisekrankheit, Kopfschmerzen und Migräne sind nur einige der Krankheiten, gegen die das Gingerol als sanft wirkende Naturmedizin helfen soll.

2 Kräuterlimonade

Für 4 Portionen:
5–6 Stängel Zitronenmelisse, Pfefferminze oder Basilikum
1 Zitrone
Eiswürfel
500 ml Mineralwasser
frische Kräuter zum Servieren

1. Die Kräuter in stehendem Wasser waschen und grob hacken. In eine Karaffe geben, 500 ml Wasser und den Saft der Zitrone hinzufügen. Die Karaffe zugedeckt über Nacht in den Kühlschrank stellen.
2. Das Kräuterwasser durch ein Sieb gießen, eventuell nach Geschmack (z. B. mit braunem Zucker) süßen. Mit Eiswürfeln und dem Mineralwasser auffüllen, in vier Gläser verteilen und mit einem frischen Kräuterzweig servieren.

Pro Portion:
0 g E, 0 g F, 1 g KH = 4 kcal
Aromatische Erfrischung fast ohne Kalorien.

Info: Wer Spaß am Experimentieren hat, bereitet diese Limonade immer wieder mit anderen Kräutern zu. Sehr raffiniert sind Kombinationen mit Brunnenkresse, Sauerampfer, Thymian oder Zitronenverbene.

3 Blütenlimonade

Für 4 Portionen:
1 Handvoll essbare Blüten (z. B. Gänseblümchen, Hornveilchen, Kapuzinerkresse, Rosen, Ringelblumen)
½ Zitrone
5 EL Cranberrysaft
1 l Mineralwasser

1. Blüten in stehendem Wasser waschen. Größere Exemplare auf Küchenpapier abtropfen lassen und die Blütenblätter abzupfen. Kleinere Exemplare im Ganzen verwenden. Blüten und Blätter in Eiswürfelbehälter füllen, mit Wasser auffüllen und einfrieren.
2. Zitrone auspressen. Zitronen- und Cranberrysaft mit dem Mineralwasser verrühren und eventuell süßen.
3. Die Blüten-Eiswürfel in die Gläser verteilen und mit der zartrosa Limonade auffüllen.

Pro Portion:
0 g E, 0 g F, 1 g KH = 6 kcal
Nur Wasser enthält weniger Kalorien.

Info: Besonders aromatisch geraten die Eiswürfel, wenn man das Wasser zum Einfrieren mit Rosenwasser oder wenigen Tropfen Pfefferminzöl vermischt.

① Melonen-Chili-Crush

Für 2 Portionen:
1 Stängel Pfefferminze
500 g Wassermelone
150 ml Apfelsaft
10–12 Eiswürfel
1 Prise Chilipulver

1. Minze waschen und trocken schütteln. Die Blättchen abzupfen und in feine Streifen schneiden.
2. Mit einem spitzen Messer die Kerne aus der Wassermelone entfernen. Das Fruchtfleisch von der Schale schneiden und grob würfeln.
3. Melone, Apfelsaft und Eiswürfel in den Mixer geben und fein zerkleinern. Nach Geschmack eventuell etwas süßen und mit einer Prise Chilipulver abschmecken. Pfefferminzstreifen unterrühren. Sofort mit einem dicken Trinkhalm servieren.

Pro Portion: 1 g E, 0 g F, 19 g KH = 85 kcal
Wassermelonen bestehen zu über 90 % aus Wasser – ein idealer Durstlöscher mit wenigen Kalorien.

Info: Kenner bevorzugen bei Obstsäften ungefilterten, trüben Direktsaft. Er schmeckt intensiver als die klare Version und liefert mehr gesunde Inhaltsstoffe.

② Apfel-Gurken-Drink

Für 4 Portionen:
½ Apfel
50 g Salatgurke
1 Stange Zitronengras
2 Limetten
1 l Mineralwasser

1. Apfel und Gurke waschen. Das Kerngehäuse des Apfels herausschneiden. Beides in hauchfeine Scheiben schneiden oder hobeln und in 4 Gläser füllen.
2. Das Zitronengras halbieren, die harten äußeren Schichten entfernen und das Innere fein würfeln. Die Limetten halbieren und auspressen. Zitronengras und Limettensaft mit dem Mineralwasser verrühren, nach Geschmack süßen und über Apfel- und Gurkenscheiben gießen. Mit einer Cocktailgabel servieren.

Pro Portion: 0 g E, 0 g F, 5 g KH = 26 kcal
Die aromatischen Zutaten machen aus dem Mineralwasser einen erfrischenden Cocktail.

Info: Früher gab es nur größere Päckchen, heute verkaufen viele Supermärkte und Gemüsehändler Zitronengras als einzelne Stangen.

1
2

1
2

① Bananen-Litschi-Cocktail

Für 2 Portionen:
1 kleine Banane
1 Limette
100 ml Mineralwasser
2–3 EL Sahne
200 ml Litschinektar
Eiswürfel

1. Die Banane schälen und in dicke Scheiben schneiden. Limette halbieren und auspressen.
2. Bananenscheiben zusammen mit dem Mineralwasser, der Sahne, dem Limettensaft und Litschinektar in den Mixer geben und fein zerkleinern. Den Drink nach Geschmack süßen. Eiswürfel in zwei Gläser geben und den Drink darübergießen.

Pro Portion: 1 g E, 3 g F, 26 g KH = 145 kcal
Die Banane liefert Kalium und Magnesium. Das sorgt für einen ausgewogenen Mineralstoffhaushalt.

Info: Für Fans von sahnig-cremigen Cocktails, die Kalorien sparen wollen. Der Drink ist zwar nicht ganz kalorienarm, kommt aber mit viel weniger Fett aus als die meisten vergleichbaren Cocktails. Denn die Banane ersetzt einen Teil der Sahne.

② Pfirsichdrink à la Bellini

Für 2 Portionen:
2 Pfirsiche (am besten Früchte mit weißem Fruchtfleisch)
½ Zitrone
2 EL Cranberrysaft
200 ml weißer Traubensaft
200 ml Mineralwasser

1. Die Pfirsiche waschen, trocken tupfen und in Spalten vom Stein schneiden. Die Zitrone auspressen.
2. Pfirsichspalten mit je 2 EL Zitronen- und Cranberrysaft in den Mixer geben und fein zerkleinern. Das Fruchtpüree eventuell nach Geschmack süßen und in vier Gläser geben.
3. Traubensaft mit dem restlichen Zitronensaft (etwa ½ EL) und dem Mineralwasser verrühren und vorsichtig über das Pfirsichpüree gießen.

Pro Portion: 1 g E, 0 g F, 13 g KH = 62 kcal
Genießen Sie frische Früchte und eine spritzige Erfrischung statt Hochprozentigem.

Info: Für ein ganz feines Püree häuten Sie die Pfirsiche: Dafür die Haut der Früchte am Stielansatz kreuzweise einritzen und die Pfirsiche mit kochendem Wasser überbrühen. Nach einer Minute das Wasser abgießen. Die Haut lässt sich nun mit einem Messer ganz leicht abziehen.

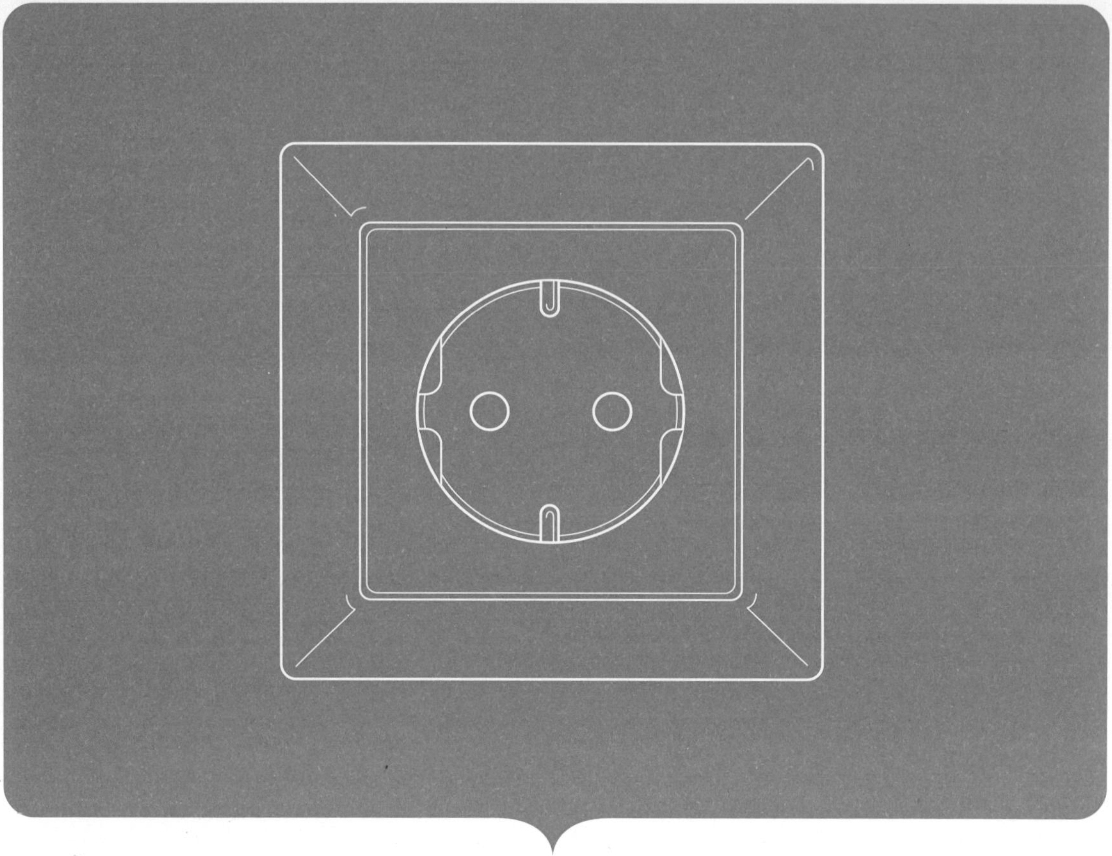

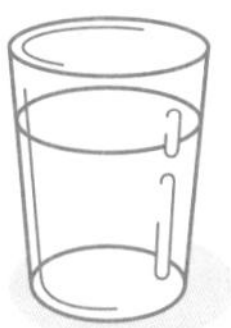

DIE ENERGIESPENDER

Ausdrucksvoll, aromatisch und würzig: Für die meisten sind Kaffee und Tee die absoluten Lieblingsgetränke. Kaum jemand mag auf den belebenden Effekt des enthaltenen Koffeins verzichten. Grund genug, den eigenen Lieblingsgetränken mit raffiniert einfachen Rezepten ganz neue Seiten abzugewinnen. Wie wäre es zum Beispiel mal mit einem Green Tea Mojito, einem gewürzten Eiskaffee oder dem neuen Modegetränk Bubble Tea?

① Pflaumenchai mit Zimtschaum

Für 2 Portionen:
5 Trockenpflaumen
1 Teebeutel Chai-Tee
125 ml H-Milch (1,5 % Fett)
¼ TL Zimtpulver

1. Die Pflaumen grob hacken. Zusammen mit dem Teebeutel in einen großen Teebecher füllen und mit 250 ml kochendem Wasser überbrühen. 3 bis 5 Minuten ziehen lassen.
2. Den Teebeutel entfernen, Tee und Pflaumen in den Mixer geben und fein zerkleinern. Nach Geschmack (z. B. mit Ahornsirup) süßen.
3. Die Milch erhitzen und aufschäumen, zum Schluss den Zimt unterziehen. Den Tee in hitzebeständige Gläser füllen und den Milchschaum mit einem Löffel daraufsetzen.

Pro Portion: 2 g E, 1 g F, 10 g KH = 61 kcal
Die Trockenpflaumen sorgen für eine Extraportion Ballaststoffe.

Info: »Chai« bezeichnet eine Mischung von schwarzem Tee mit Gewürzen. Gute Teefirmen bieten sie in vielen Geschmacksrichtungen ohne künstliche Aromastoffe an. Wer öfter Chai trinkt, kann seinen Tee aus Assam-Tee, Zimtstangen, Ingwer, Nelken, Kardamom und Pfefferkörnern auch selbst mischen.

② Birnentee mit Kakao

Für 2 Portionen:
2 TL oder 2 Teebeutel Assam-Tee
1 Birne
2 TL Kakaopulver
4 EL flüssige Sahne

1. Tee mit 400 ml kochendem Wasser überbrühen und 3 bis 5 Minuten ziehen lassen, den Tee abgießen.
2. Die Birne schälen, das Kerngehäuse entfernen und das Fruchtfleisch in Stücke schneiden. Birnen mit Tee und Kakaopulver in den Mixer geben und fein zerkleinern. Nach Geschmack (z. B. mit braunem Zucker) süßen.
3. Den Tee eventuell noch kurz erhitzen, in zwei Teegläser füllen und je zwei EL Sahne darübergeben, sodass sich »Sahnewölkchen« im Tee bilden.

Pro Portion: 1 g E, 7 g F, 10 g KH = 107 kcal
Tee und Birne sind sanfte Fitmacher.

Info: Assam-Tees oder Ostfriesen-Mischungen sind die richtige Wahl für Teetrinker, die einen kräftigen Tee bevorzugen. Wer es lieber mild mag, wählt z. B. einen Darjeeling.

1
2

1
2

① Teepunsch aus Sanddorn und Studentenfutter

Für 2 Portionen:
2 EL Studentenfutter
2 Beutel weißer Tee
2 EL Sanddornmark

1. 400 ml Wasser aufkochen und 2 bis 3 Minuten abkühlen lassen. Große Nüsse im Studentenfutter grob hacken. Tee und Studentenfutter in zwei hitzebeständige Gläser geben und mit dem Wasser aufgießen.
2. Nach 5 Minuten die Teebeutel entfernen und das Sanddornmark unterrühren. Nach Geschmack z. B. mit Honig süßen und mit einem Löffel servieren.

Pro Portion: 3 g E, 7 g F, 9 g KH = 121 kcal
Hochwertiges Fett und Ballaststoffe aus Nüssen und Rosinen geben hier den Extrakick Energie.

Info: Wenn Sie für diesen Drink losen Tee verwenden möchten, geben Sie ihn vor dem Überbrühen in einen Teefilter, sodass sich Rosinen und Nüsse nicht mit den Teeblättern mischen.

② Teepunsch mit Himbeeren

Für 2 Portionen:
1 Bio-Orange
200 g TK-Himbeeren (aufgetaut)
2 TL oder 2 Teebeutel Darjeeling-Tee
1 Gewürznelke
1 Zimtstange (oder 1 Prise Zimtpulver)
2 Pimentkörner
1 Sternanis

1. Die Orange waschen und trocken reiben. ½ TL Orangenschale abreiben, die Frucht halbieren und auspressen. Himbeeren mit Orangensaft und -schale in den Mixer geben und fein zerkleinern. Wer keine Kerne im Punsch haben möchte, passiert die Früchte durch ein Sieb.
2. Tee und Gewürze mit 400 ml kochendem Wasser überbrühen und 3 bis 5 Minuten ziehen lassen. Den Teeblätter abseihen bzw. die Teebeutel entfernen und mit dem Fruchtpüree verrühren. Eventuell nach Geschmack süßen und kurz erhitzen.

Pro Portion: 2 g E, 0 g F, 9 g KH = 57 kcal
Wärmender Vitamin-C-Spender.

Info: Feine Teesorten wie Darjeeling entfalten ihr Aroma am besten in weichem Wasser. Gegen kalkhaltiges Leitungswasser hilft ein Wasserfilter.

① Green Tea Mojito

Für 2 Portionen:
2 TL oder 2 Teebeutel grüner Tee
2 Limetten
10 Eiswürfel
2 Stängel Pfefferminze

1. 400 ml Wasser aufkochen und 2 bis 3 Minuten abkühlen lassen. Das Wasser über den grünen Tee gießen und 2 Minuten ziehen lassen. Die Teeblätter abseihen bzw. die Teebeutel entfernen. Erst bei Zimmertemperatur abkühlen lassen, dann im Kühlschrank kalt stellen.
2. Die Limetten abwaschen, trocken reiben und filetieren. Fruchtstücke und Eiswürfel in den Mixer geben und grob zerkleinern.
3. Limettenmischung und grob geschnittene Minzeblätter in zwei hohe Gläser geben und mit dem kalten Tee aufgießen. Nach Geschmack mit braunem Zucker süßen.

Pro Portion: 0 g E, 1 g F, 6 g KH = 37 kcal
Alkoholfreie und kalorienleichte Genießervariante des Cocktail-Klassikers.

Info: Schneller geht's, wenn man die Limetten mit der Schale grob schneidet und direkt im Glas mit einem Holzstößel zerdrückt.

② Eiskalter Maracujatee

Für 2 Portionen:
2 TL oder 2 Teebeutel grüner Tee
200 ml eiskaltes Mineralwasser
4 Maracujas
¼ Vanilleschote

1. 200 ml Wasser aufkochen und 2 bis 3 Minuten abkühlen lassen. Das Wasser über den grünen Tee gießen und 2 Minuten ziehen lassen. Die Teeblätter abseihen bzw. die Teebeutel entfernen. Das Mineralwasser zugießen und den Tee im Kühlschrank vollständig abkühlen lassen.
2. Die Maracujas halbieren und mit einem Teelöffel auskratzen. Das Fruchtfleisch mit den Kernen in den Mixer geben. Vanilleschote mit einem spitzen Messer aufschlitzen, das Mark herauskratzen und zusammen mit dem kalten Tee zu den Maracujas geben. Alles bei kleiner Geschwindigkeit kurz mixen. Nach Geschmack (z. B. mit Honig) süßen.

Pro Portion: 1 g E, 0 g F, 9 g KH = 50 kcal
Auch wenn seine Wirkung nicht abschließend geklärt ist: Der gesundheitliche Nutzen von grünem Tee steht außer Frage.

Info: Für den schnellen Eistee-Genuss zwischendurch können Sie Ihren Lieblingstee auf Vorrat kochen und im Kühlschrank einige Tage (z. B. in einer leeren Mineralwasserflasche) aufbewahren.

1
2

1
2

① Jasmintee mit Traubensaft

Für 2 Portionen:
1 TL oder 1 Teebeutel Jasmintee
1 Bio-Zitrone
6–8 Eiswürfel
200 ml weißer Traubensaft

1. Jasmintee mit 200 ml kochendem Wasser übergießen. Nach etwa 2 Minuten den Tee abgießen und zunächst bei Zimmertemperatur abkühlen lassen. Dann im Kühlschrank kalt stellen.
2. Die Zitrone waschen und trocken reiben. Mit einem kleinen Messer oder einem Sparschäler zwei dünne Spiralen von der Zitronenschale abschälen und zusammen mit den Eiswürfeln in zwei Gläser geben.
3. Saft der Zitrone auspressen, mit dem Traubensaft und dem Jasmintee verrühren, eventuell nach Geschmack süßen. Über Eiswürfel und Zitronenschale gießen und sofort servieren.

Pro Portion: 1 g E, 0 g F, 18 g KH = 78 kcal
Duftende Jasminblüten veredeln die Wirkung des grünen Tees, der die Basis dieser Teespezialität ist.

Info: Größere Mengen Eistee bereiten Sie am besten in einer Karaffe zu.

② Zitronengras-Ingwer-Tee

Für 2 Portionen:
150 g Ananas
1 Stange Zitronengras
ca. 10 g Ingwer
2 TL oder 2 Teebeutel Earl-Grey-Tee
200 ml eiskaltes Mineralwasser

1. Ananas schälen und in Stücke schneiden. Im Mixer fein zerkleinern und in Eiswürfelbehältern einfrieren.
2. Die harte äußere Schicht vom Zitronengras entfernen und das Innere grob schneiden. Ingwer schälen und in Scheiben schneiden. Ingwer, Zitronengras und Tee mit 250 ml kochendem Wasser überbrühen. 3 bis 5 Minuten ziehen lassen und abgießen. Das Mineralwasser zum Tee gießen, nach Geschmack süßen und den Tee im Kühlschrank vollständig abkühlen lassen.
3. Die Ananas-Eiswürfel in zwei Gläser geben und mit dem Tee auffüllen.

Pro Portion: 0 g E, 0 g F, 5 g KH = 25 kcal
Ingwer und Zitronengras bieten einen erfrischenden Mix an ätherischen Ölen.

Info: Guter Earl-Grey-Tee wird mit echtem Bergamotteöl aromatisiert – man schmeckt, dass er ohne künstliche Aromen auskommt.

① Scharfer Schokokaffee

Eine Prise Cayennepfeffer macht aus süßem Kaffee ein feuriges Geschmackserlebnis.

② Orangen-Caffè-Latte

Orangenschale und Vanille intensivieren den Geschmack des frisch aufgebrühten Kaffees.

③ Gewürzter Eiskaffee mit Vanilleschaum

Würziger Eiskaffee mit Aromen aus 1001 Nacht.

Warme und kalte Kaffeekreationen

④ Kokos-Bananen-Eiskaffee

Eiskalt-exotischer Kaffeegenuss.

⑤ Schoko-Mandel-Frappé

Mandeln und Kakao machen aus starkem Kaffee einen milden Muntermacher.

Kaffee wirkt anregend auf Körper und Geist – und er duftet so gut! Die meisten Menschen können sich ein Leben ohne Kaffee nicht vorstellen. Etwa 4 Tassen gönnt sich jeder Deutsche durchschnittlich pro Tag, eine Menge, gegen die Experten nichts einzuwenden haben. Wer mehr trinken möchte, kann auf entkoffeinierte Bohnen zurückgreifen.

Die meisten Kaffeeliebhaber bleiben »ihrem« Cappuccino, Espresso oder Filterkaffee treu und sind wenig experimentierfreudig. Wer sich aber etwas Zeit nimmt und sein Lieblingsgetränk mit köstlichen Gewürzen, wie Vanille, Kardamom und Zimt verfeinert, oder den Kaffee statt mit Milch auch mal mit Kokos- oder Sojamilch zubereitet, findet vielleicht bald ein neues Lieblingsgetränk.

① Scharfer Schokokaffee

Für 2 Portionen:
250 ml Hafermilch
40 g Bitterschokolade
1 Prise Cayennepfeffer
Kaffeepulver für 2 Tassen Kaffee (à 125 ml)

1. Hafermilch und Schokolade in einem kleinen Topf erhitzen, nach Geschmack (z. B. mit Honig) süßen und mit einer Prise Cayennepfeffer würzen.
2. Den Kaffee aufbrühen. Schoko-Hafermilch im Mixer schaumig aufschlagen, zum Schluss den Kaffee unterrühren und heiß servieren.

Pro Portion:
3 g E, 4 g F, 20 g KH = 136 kcal
Die leichte Schärfe der Chilischote wärmt schön durch.

Info: Wer keine Kuhmilch verträgt, kann verschiedene Varianten laktosefreier Milch ausprobieren: Hafer-, Reis- oder Sojamilch sowie laktosefreie Kuhmilch stehen zur Auswahl.

② Orangen-Caffè-Latte

Für 2 Portionen:
1 Bio-Orange
¼ Vanilleschote
Kaffeepulver für 2 Tassen Kaffee (à 125 ml)
200 ml Milch (1,5 % Fett)

1. Mit einer feinen Reibe etwa 1 EL Schale von der gewaschenen Orange abreiben. Die Vanillestange mit einem Messer aufschlitzen und das Mark herausschaben.
2. Kaffeepulver und Orangenschale mit 250 ml kochendem Wasser überbrühen, nach 4 Minuten durch ein feines Sieb oder einen Kaffeefilter abgießen und nach Geschmack süßen.
3. Die mit dem Vanillemark verrührte Milch erhitzen und aufschäumen. In ein hitzebeständiges Glas füllen und den Orangen-Kaffee vorsichtig einfüllen, sodass der Kaffee die mittlere Schicht zwischen flüssiger Milch und Milchschaum bildet.

Pro Portion:
3 g E, 1 g F, 5 g KH = 48 kcal
Fettarme Milch sorgt für eine Extraportion Kalzium.

Info: Der beste Milchschaum gelingt mit haltbarer fettarmer Milch.

③ Gewürzter Eiskaffee mit Vanilleschaum

Für 2 Portionen:
Kaffeepulver für 2 Tassen Kaffee (à 125 ml)
je eine Prise Muskatnuss, Nelke, Kardamom und Zimt
150 ml Milch (1,5 % Fett)
1 TL Bourbon-Vanillezucker
2 Kugeln Vanille- oder Walnusseis

1. Kaffee zusammen mit den Gewürzen aufbrühen, bei Zimmertemperatur abkühlen lassen, dann im Kühlschrank kalt stellen.
2. Die Milch aufschäumen, zum Schluss den Vanillezucker unterheben.
3. Je eine Kugel Eis in ein Glas geben, den Kaffee darübergießen und den Milchschaum daraufsetzen.

Pro Portion:
3 g E, 5 g F, 18 g KH = 138 kcal
Aromatische und kalorienleichte Version des klassischen Eiskaffees.

Info: Schon im Mittelalter würzten reiche Hamburger Kaufleute ihren Kaffee gern mit Gewürzen aus Übersee. Vom Volk wurden sie deshalb spöttisch die »Pfeffersäcke« genannt.

④ Kokos-Bananen-Eiskaffee

Für 2 Portionen:
Kaffeepulver für 2 Tassen Kaffee (à 125 ml)
1 kleine Banane
150 ml Kokosmilch

1. Kaffee aufbrühen und bei Zimmertemperatur abkühlen lassen, nach Geschmack süßen und in Eiswürfelbehältern einfrieren.
2. Die Banane schälen und in dicke Scheiben schneiden. Banane mit Kokosmilch in den Mixer geben und fein zerkleinern. Nach und nach die Kaffee-Eiswürfel zugeben und cremig rühren.

Pro Portion:
1 g E, 12 g F, 11 g KH = 162 kcal
Cremiger Genuss – ohne Milchprodukte.

Info: Für eine weniger gehaltvolle Variante können Sie Soja-, Reis- oder Hafermilch anstelle von Kokosmilch verwenden.

⑤ Schoko-Mandel-Frappé

Für 2 Portionen:
125 ml starker Kaffee oder Espresso
300 ml Milch (1,5 % Fett)
2 TL Kakaopulver und etwas zum Bestreuen
1 gehäufter EL Mandelmus

1. Den aufgebrühten Kaffee oder Espresso bei Zimmortemperatur abkühlen lassen, dann in den Kühlschrank stellen.
2. Milch, Espresso, Kakao und Mandelmus in den Mixer geben und aufschäumen. Nach Geschmack süßen, in zwei Gläser füllen und mit etwas Kakaopulver bestreut servieren.

Pro Portion:
8 g E, 10 g F, 10 g KH = 169 kcal
Der Tagesbedarf der wichtigen Mineralstoffe Kalium, Kalzium und Magnesium wird durch ein Glas etwa zu ¼ gedeckt.

Info: Verwenden Sie echtes Kakaopulver. Trinkschokolade und Instant-Kakaopulver bestehen zum großen Teil aus Zucker und geben weniger Geschmack.

1
2

1 Mate mit Papaya und Kokosmilch

Für 2 Portionen:
2 TL oder 2 Teebeutel Mate-Tee
½ kleine Papaya (150 g)
½ Limette
100 ml Kokosmilch

1. Mate mit 300 ml kochendem Wasser aufbrühen und nach etwa 5 Minuten abgießen. Den Tee zunächst bei Zimmertemperatur abkühlen lassen, nach Geschmack süßen und im Kühlschrank kalt stellen.
2. Die Kerne aus der Papaya schaben und das Fruchtfleisch mit einem Löffel aus der Schale heben. Die Limette auspressen. Papaya mit Limettensaft und Kokosmilch in den Mixer geben und fein zerkleinern. Den Tee zugießen und kurz verrühren.

Pro Portion: 1 g E, 8 g F, 7 g KH = 115 kcal
Papaya und Limettensaft sorgen für 60 % des täglich notwendigen Vitamin C.

Info: Traditionell wird Mate-Tee in einer komplizierten Zeremonie zubereitet, die außerhalb Südamerikas wohl nur wenige Menschen beherrschen. Für unsere Rezepte reicht es, Mate wie einen klassischen Tee aufzubrühen.

2 Mate auf Grapefruit-Crush

Für 2 Portionen:
1 Grapefruit
2 TL oder 2 Beutel Mate-Tee
2 Stängel Zitronenmelisse

1. Grapefruit filetieren und dabei den austretenden Saft auffangen. Die Fruchtfilets fein hacken oder mit dem Saft im Mixer grob zerkleinern. Die Fruchtmasse in Eiswürfelbehälter füllen und einfrieren.
2. Mate mit 400 ml kochendem Wasser aufbrühen und nach etwa 5 Minuten abgießen. Den Tee zunächst bei Zimmertemperatur abkühlen lassen, nach Geschmack süßen und im Kühlschrank kalt stellen.
3. Zitronenmelisse waschen und grob hacken. Tee und Zitronenmelisse in den Mixer geben und die Grapefruit-Eiswürfel nach und nach dazutun. So lange weitermixen, bis alle Eiswürfel zerkleinert sind. Den Drink mit dicken Trinkhalmen servieren.

Pro Portion: 0 g E, 0 g F, 6 g KH = 37 kcal
Erfrischend und anregend.

Info: Mate-Tee besteht aus den getrockneten Blättern und Blattstielen des in Südamerika beheimateten Mate-Baums und soll neben seiner belebenden und leicht harntreibenden Wirkung auch den Appetit hemmen.

① Maronenkakao mit Minzsirup

Für 2 Portionen:
5 Stängel Pfefferminze
1 EL Zucker
50 g gegarte Maronen/Esskastanien (vakuumverpackt)
400 ml Milch (1,5 % Fett)
1 EL Kakaopulver

1. Die Pfefferminze waschen, grob schneiden und in einen kleinen Topf geben. Zucker und 5 EL Wasser dazugeben, alles einmal aufkochen. Die Herdplatte ausschalten, den Topf aber darauf stehen lassen. Ist der Sirup abgekühlt, kann man ihn durch ein Sieb gießen.
2. Die Kastanien mit dem Minzsirup in den Mixer geben und fein zerkleinern. Milch und Kakaopulver zugeben und schaumig schlagen. Nach Geschmack noch etwas nachsüßen und eiskalt servieren.

Pro Portion: 8 g E, 4 g F, 31 g KH = 200 kcal
Milcheiweiß und Ballaststoffe aus dem Kakao und den Maronen sorgen für angenehme Sättigung.

Info: Trotz ihres nussigen Geschmacks sind Maronen fettarm. Sie enthalten nur etwa 2 g Fett pro 100 g, dafür aber jede Menge Vitamine und Mineralstoffe sowie 8 g Ballaststoffe.

② Schwarzwälder Kakao

Für 2 Portionen:
150 g Sauerkirschen und Saft (Glas)
250 ml Milch (1,5 % Fett)
4–6 Eiswürfel
1 EL Kakaopulver
50 ml Schlagsahne
1 TL Schokoladenraspel

1. Kirschen und Kirschsaft in den Mixer geben, Milch, Eiswürfel und Kakaopulver dazugeben und alles fein zerkleinern. Eventuell nach Geschmack süßen (z. B mit Vanillezucker) und in zwei Gläser füllen.
2. Die Sahne steif schlagen und auf den Kirschenmix geben, mit Schokoraspeln und einer Prise Kakaopulver bestreut servieren.

Pro Portion: 6 g E, 11 g F, 21 g KH = 216 kcal
Theobromin heißt der koffeinähnliche Wirkstoff im Kakao, der für eine leicht anregende Wirkung sorgt.

Info: Statt üppiger Kirschtorte – ein Drink als leichte Zwischenmahlzeit für ausgemachte Genießer.

1
2

1
2

① Bubble Tea mit Pflaume

Für 2 Portionen:
250 ml weißer Traubensaft
40 g große Tapioka-Perlen
1 TL oder 1 Teebeutel weißer Tee
2 gelbe Pflaumen (ca. 100 g)
3–4 Eiswürfel

1. 200 ml Wasser und 150 ml Traubensaft in einen Topf geben und aufkochen. Die Tapioka-Perlen zugeben und zugedeckt bei kleiner Hitze 50 bis 60 Minuten kochen, dabei ab und zu umrühren. Den Topf zugedeckt beiseitestellen und die Tapioka-Perlen darin abkühlen lassen.
2. Den Tee mit 200 ml kochendem Wasser übergießen. Nach etwa 3 Minuten abgießen und zunächst bei Zimmertemperatur abkühlen lassen. Dann im Kühlschrank kalt stellen.
3. Die Tapioka-Perlen in einem Sieb unter klarem Wasser abspülen und auf zwei Gläser verteilen.
4. Pflaumen waschen, Stein entfernen und grob würfeln. Mit dem Tee im Mixer fein zerkleinern und nach Geschmack süßen. Den Pflaumentee auf die Tapioka-Perlen gießen.
5. Den restlichen Traubensaft mit den Eiswürfeln im ausgewaschenen Mixer schaumig schlagen und mit einem Esslöffel auf den Pflaumentee löffeln.

Pro Portion: 1 g E, 0 g F, 41 g KH = 178 kcal
Trendig bunt und reich an Kalium.

Info: Um die großen Perlen aufzusaugen, benötigt man extradicke Trinkhalme. Wer sie nicht kaufen möchte, löffelt die Perlen mit einem Cocktaillöffel aus dem Drink.

② Pearl Milk Tea

Für 2 Portionen:
150 ml Kirschsaft
40 g große Tapioka-Perlen
1 TL oder Teebeutel Assam-Tee
200 ml Milch (1,5 % Fett)

1. 200 ml Wasser und den Kirschsaft in einen Topf geben und aufkochen. Die Tapioka-Perlen dazugeben und zugedeckt bei kleiner Hitze 50 bis 60 Minuten kochen, dabei ab und zu umrühren. Den Topf zugedeckt beiseitestellen und die Tapioka-Perlen darin abkühlen lassen.
2. Den Tee mit 200 ml kochendem Wasser übergießen. Nach etwa 3 Minuten abgießen, zunächst bei Zimmertemperatur abkühlen lassen und nach Geschmack (z. B. mit Ahornsirup) süßen. Dann im Kühlschrank kalt stellen.
3. Die Tapioka-Perlen in einem Sieb unter klarem Wasser abspülen und auf zwei Gläser verteilen. Tee und Milch darübergießen und mit einem extradicken Trinkhalm oder einem Cocktaillöffel servieren.

Pro Portion: 3 g E, 2 g F, 23 g KH = 126 kcal
Die geleeartigen Sago-Perlen machen satt, sodass der Drink Durst und Hunger gleichzeitig stillt.

Info: Wenn Sie öfter Bubble Tea trinken möchten, kochen Sie eine größere Menge Tapioka-Perlen in einer Saft-Wasser Mischung Ihrer Wahl. Die Perlen nach dem Abkühlen mit der restlichen Flüssigkeit abgedeckt im Kühlschrank aufbewahren. So bleiben sie einige Tage frisch. Zum Zubereiten entnimmt man pro Drink etwa 2 EL der Perlen und spült sie in einem Teesieb unter klarem Wasser ab.

1 Matcha Milk Tea

Für 2 Portionen:
150 ml Johannisbeer-Nektar
40 g große Tapioka-Perlen
¼ Vanilleschote
200 ml Milch (1,5 % Fett)
½–1 TL Matcha-Teepulver

1. 200 ml Wasser und den Johannisbeer-Nektar aufkochen, die Tapioka-Perlen darin zubereiten (siehe Seite 129) und in zwei Gläser füllen. Vanilleschote mit einem spitzen Messer längs aufschneiden und das Mark herauskratzen.
2. 200 ml Wasser und die Milch erhitzen. Die heiße Flüssigkeit in den Mixer geben, Matcha-Teepulver und Vanillemark zugeben und schaumig aufmixen. Nach Geschmack (z. B. mit Agavendicksaft) süßen.
3. Den Mix auf die Tapioka-Perlen gießen und mit einem Löffel oder einem extradicken Trinkhalm servieren.

Pro Portion:
4 g E, 2 g F, 31 g KH = 164 kcal
Durstlöscher und sanfter Wachmacher für zwischendurch.

Info: Üblicherweise werden Bubble Teas mit einem dicken Strohhalm serviert, es gehen aber auch kleine Löffel.

2 Bubble Icetea

Für 2 Portionen:
150 ml Orangensaft
40 g große Tapioka-Perlen
1 Beutel oder 1 TL Darjeeling-Tee
1 Zitrone
100 ml Apfelsaft
6–8 Eiswürfel

1. 200 ml Wasser und den Orangensaft aufkochen, die Tapioka-Perlen darin zubereiten (siehe Seite 129) und in zwei Gläser füllen.
2. 200 ml Wasser aufkochen, den Tee aufbrühen und 3 Minuten ziehen lassen. Dann den Tee abgießen und abkühlen lassen.
3. Die Zitrone auspressen und mit Tee, Apfelsaft und Eiswürfeln in den Mixer geben. Alles gut aufmixen und nach Geschmack süßen. Auf die Tapioka-Perlen gießen und mit einem Löffel oder extradicken Trinkhalm servieren.

Pro Portion:
1 g E, 0 g F, 31 g KH = 138 kcal
Figurfreundlich ganz ohne Fett.

Info: Schmeckt auch heiß – dann statt der Eiswürfel 100 ml mehr Tee verwenden.

3 Jasmin-Bubble-Frappé

Für 2 Portionen:
150 ml Cranberry-Nektar
40 g große Tapioka-Perlen
1 kleines Stück (10 g) Ingwer
1 Beutel oder 1 TL Jasmintee
200 ml Milch (1,5 % Fett)
1 EL Mandelmus
6–8 Eiswürfel

1. 200 ml Wasser und den Cranberry-Nektar aufkochen, die Tapioka-Perlen darin zubereiten (siehe Seite 129) und in zwei Gläser füllen. Den Ingwer in feine Scheiben schneiden.
2. 200 ml Wasser aufkochen, Tee und Ingwer aufbrühen und 3 Minuten ziehen lassen. Dann den Tee abgießen und abkühlen lassen.
3. Tee, Milch, Mandelmus und Eiswürfel im Mixer zerkleinern und aufschäumen. Nach Geschmack süßen und über die Tapioka-Perlen gießen.

Pro Portion:
6 g E, 9 g F, 33 g KH = 244 kcal
Ein gehaltvoller Bubble Tea, der eine Zwischenmahlzeit ersetzt.

Info: Große Tapioka-Perlen kauft man im Asia-Laden oder beim Internet-Versand. Die kleineren Sago-Perlen sind für den Drink nicht geeignet, da sie zu sehr aneinander haften.

1
2
3

SMOOTHIE-DESSERTS

Lust auf süße Leichtigkeit? Dann holen Sie den Mixer! Unsere Dessertrezepte sind die Smoothies de luxe: Sie entstehen aus den gleichen gesunden Zutaten und erzeugen raffinierte Höhepunkte nach einem guten Essen. Für einen vitalstoffreichen Nachtisch mixen Smoothie-Fans aus frischen Früchten, Milchprodukten und Säften köstliches Eis, luftige Mousses und bunte Schichtdesserts.

1 Kumquat-Trifle mit Cantucci

Für 4 Portionen:
200 g Kumquats (Zwergorangen)
100 ml Orangensaft
¼ TL gemahlener Anis
1 gehäufter TL Stärke
150 g Magerquark
200 g Naturjoghurt (1,5 % Fett)
40 g Marzipanrohmasse
125 g Cantucci (italienisches Mandelgebäck)

1. Die Kumquats waschen und trocken reiben. Die Früchte quer in dünne Scheiben schneiden, dabei eventuell vorhandene Kerne entfernen. 100 ml Wasser und den Orangensaft aufkochen. Anis und Kumquats zugeben und 2 Minuten köcheln. Stärke in etwas kaltem Wasser einrühren, dann zu den Kumquats geben und aufkochen. Das Kompott lauwarm abkühlen lassen, nach Geschmack süßen und im Kühlschrank kalt stellen.
2. Quark und Joghurt mit der Marzipanrohmasse im Mixer cremig rühren und nach Geschmack süßen.
3. Die Cantucci grob hacken. Kekse, Kompott und Creme in 4 Gläser schichten. Mindestens ½ Stunde im Kühlschrank durchziehen lassen.

Pro Portion: 11 g E, 8 g F, 36 g KH = 278 kcal
Das Traditionsgebäck aus der Toskana enthält nur geringe Mengen hochwertiger Fette aus Eigelb und Mandeln.

Info: Statt der Cantucci können Sie auch anderes Gebäck verwenden, z. B. Haferkekse oder Baiser.

2 Schichtdessert mit Pflaumen

Für 3 Portionen:
1 Bio-Orange
250 g Magerquark
250 g Pflaumen
9 Löffelbiskuits

1. Die Orange heiß waschen und abtrocknen. Mit einer feinen Reibe 1 TL Schale abreiben, die Frucht halbieren und den Saft auspressen. Quark mit 3 bis 4 EL Orangensaft und der Orangenschale glatt rühren, nach Geschmack süßen.
2. Die Pflaumen waschen und trocken reiben. Die Früchte halbieren und den Stein entfernen. Früchte mit dem restlichen Orangensaft in den Mixer geben und fein zerkleinern, nach Geschmack süßen.
3. Die Löffelbiskuits halbieren. Biskuit, Quark und Fruchtmasse abwechselnd in Schälchen oder breite Gläser füllen und bis zum Servieren (mindestens ½ Stunde) abgedeckt in den Kühlschrank stellen.

Pro Portion: 13 g E, 1 g F, 21 g KH = 153 kcal
Ein fast fettfreies Dessert, aber so lecker, dass es keiner merken wird.

Info: Das Dessert gelingt auch mit allen anderen Früchten aus der Pflaumen-Familie. Versuchen Sie es mit Zwetschgen, Renekloden oder Mirabellen.

1
2

Die besten Eisdesserts

② Erdbeerparfait-Sandwich

Statt Eiswaffel gibt's hier zwei Kekse zum Anfassen.

① Sahne-Himbeer-Eis

Schon eine kleine Portion macht Eiscremefreunde überglücklich.

③ Rote Grütze eiskalt mit Baiser

Vor dem Essen blitzschnell zubereitet, kühlt das Dessert während der Mahlzeit im Gefrierfach durch.

④ Kirschgranita auf Sharonfrüchten

Starker Auftritt: Ein Genuss für Auge und Gaumen.

⑤ Apfel-Holunderbeer-Sorbet

Fruchtig frisch und extraleicht mit nur 50 Kalorien.

Eiskalte Leckereien wie Parfaits und Sorbets haben immer Saison. Wer sich und seine Lieben mit solch coolen Desserts aus der eigenen Küche verwöhnt, wird mit viel Begeisterung belohnt. Dabei bleibt der Aufwand zum Glück im Rahmen: Nach dem Mixen übernehmen Gefriertruhe oder Eisfach die Arbeit.

Die Desserts können Sie außerdem ganz ohne Reue genießen. Sie liefern eine Vielzahl wertvoller Inhaltsstoffe. Denn wie gute Smoothies bestehen sie aus frischen Früchten, reinem Saft und kalziumreichen Milchprodukten.

1 Sahne-Himbeer-Eis

Für 6 kleine Eisbehälter à 50 ml:
200 g saure Sahne
1 kleine Orange
150 g TK-Himbeeren

1. Saure Sahne in einer Schüssel glatt rühren, dabei eventuell nach Geschmack süßen.
2. Die Orange halbieren und auspressen. Orangensaft und Himbeeren in den Mixer geben und fein zerkleinern. Fruchtmasse zur sauren Sahne geben, dabei nur leicht unterheben, sodass die Sahne »marmoriert« wird.
3. Die Creme in Eisbehälter aus Kunststoff füllen und mindestens 3 Stunden im Tiefkühler einfrieren.

Pro Portion:
1 g E, 6 g F, 3 g KH = 77 kcal
Bei so kleinen Erfrischungsportionen darf man einmal mehr zugreifen.

Info: Statt der Eisbehälter aus Kunststoff können Sie auch kleine ausgewaschene Joghurtbecher benutzen, mit Alufolie abdecken und nach einer halben Stunde Gefrierzeit einen Plastiklöffel durch die Folie bis in die Eismasse drücken.

2 Erdbeerparfait-Sandwich

Für 6 Portionen:
200 g Erdbeeren
1 EL Zitronensaft
2 EL Zucker
2 Eigelb
100 g Magerquark
2 EL Molkenpulver
100 ml Sahne
12 Butterkekse

1. Die Erdbeeren waschen, putzen und halbieren. Mit Zitronensaft pürieren und nach Geschmack süßen.
2. Zucker und Eigelb in einer Metallschüssel über einem heißen Wasserbad dickschaumig schlagen. Die Schüssel in Eiswasser halten und weiterrühren, bis die Creme kalt ist. Magerquark, Molkenpulver und pürierte Erdbeeren unterrühren. Steif geschlagene Sahne unterheben. Die Masse in einer flachen Schale mindestens 4 Stunden tiefkühlen.
3. Das Parfait in 6 Stücke schneiden und zwischen je zwei Butterkeksen servieren.

Pro Portion:
5 g E, 8 g F, 19 g KH = 178 kcal
Milchprodukte liefern B-Vitamine und Kalzium.

Info: Molkenpulver macht das Eis schön cremig.

③ Rote Grütze eiskalt mit Baiser

Für 3 Portionen:
300 g Naturjoghurt (10 % Fett)
200 g TK-Beerenmischung
10 g Baiser

1. Joghurt in den Mixer füllen. Die Früchte nach und nach dazugeben und pürieren. Nach Geschmack süßen. Zum Schluss die grob gehackten Baiserstücke unterheben, nicht mehr mixen!
2. Die Fruchtmasse in drei Dessertschälchen füllen und für ½ Stunde ins Gefrierfach geben.

Pro Portion:
4 g E, 10 g F, 11 g KH = 158 kcal
Beerenfrüchte sorgen für Ballaststoffe und Vitamin C.

Info: Die gefrorenen Früchte schubweise in den Mixer rieseln lassen, damit sie die Masse gleichmäßig kühlen. Gibt man sie auf einmal hinein, könnten sie zu einem kompakten Eisblock zusammenfrieren, den das Messer des Mixers nicht verarbeiten kann.

④ Kirschgranita auf Sharonfrüchten

Für 3 Portionen:
1 TL oder 1 Teebeutel Früchtetee
150 g Süßkirschen
2 Sharonfrüchte
1 Bio-Limette

1. Früchtetee mit 150 ml kochendem Wasser überbrühen, 10 Minuten ziehen lassen.
2. Kirschen waschen, entsteinen und mit dem abgekühlten Früchtetee im Mixer fein zerkleinern. Die Masse in einer flachen Schüssel 3 Stunden in die Tiefkühltruhe stellen, alle 30 Minuten kräftig durchrühren.
3. Sharonfrüchte waschen, trocknen, den Stielansatz herausschneiden, das Fruchtfleisch in dünne Spalten schneiden. Von der gewaschenen Limette 2 TL Schale abreiben. Limette halbieren und auspressen. Saft und Schale mit den Sharonspalten in eine Schüssel geben und kühl stellen.
4. Zum Servieren Sharonspalten in Martinigläser legen und die Granita darüber verteilen.

Pro Portion:
1 g E, 1 g F, 32 g KH = 148 kcal
Sharonfrüchte enthalten viel Betacarotin (Provitamin A).

Info: Sharonfrüchte kann man mit Schale essen.

⑤ Apfel-Holunderbeer-Sorbet

Für 4 Portionen:
1 Apfel
150 ml Holunderbeersaft
1 ganz frisches Eiweiß
je eine Prise Zimt und Nelkenpulver

1. Apfel waschen, trocken reiben und schälen. Das Kerngehäuse entfernen und das Fruchtfleisch grob würfeln. Apfel, Holunderbeersaft, Eiweiß, Zimt und Nelkenpulver in den Mixer geben und schaumig aufschlagen. Die Fruchtmischung nach Geschmack süßen, in Eiswürfelbehälter füllen und mindestens 3 Stunden im Tiefkühler einfrieren.
2. Die Eiswürfel nacheinander in den Mixer geben und zunächst in Intervallen mixen. Sobald die Eiswürfel grob zerkleinert sind, den Mixer auf eine große Stufe stellen und das Eis kurz durchmixen. Mit einem Spritzbeutel in Gläser füllen. Sofort servieren.

Pro Portion:
2 g E, 0 g F, 10 g KH = 50 kcal
Kalorienarme Erfrischung.

Info: Besonders edel: das Sorbet mit einem Schuss Sekt oder Prosecco auffüllen!

1 Beerengelee mit fruchtiger Sauce

Für 3 Portionen:
250 ml roter Traubensaft
½ TL Agar-Agar
100 g TK-Beerenmischung
1 Birne
1 Banane
1–2 EL Zitronensaft

1. Für das Gelee 100 ml Traubensaft mit Agar-Agar in einem kleinen Topf verrühren und 1 bis 2 Minuten kochen lassen. Den restlichen Traubensaft und die Beeren dazugeben, nach Geschmack süßen und in drei Schälchen füllen. Mindestens 2 Stunden kalt stellen.
2. Für die Sauce die Birne waschen, trocknen und schälen. Das Kerngehäuse entfernen und das Fruchtfleisch grob würfeln. Banane schälen und in Scheiben schneiden. Obst und Zitronensaft in den Mixer geben, alles fein zerkleinern und nach Geschmack eventuell süßen.
3. Das Beerengelee auf einen Teller stürzen und mit der Sauce servieren.

Pro Portion: 1 g E, 0 g F, 27 g KH = 128 kcal
Genießen Sie die Portionen, wenn Sie Lust auf ein süßes, aber fettarmes Hauptgericht haben.

Info: Agar-Agar ist das bevorzugte Geliermittel der Vegetarier, denn es wird aus Algen hergestellt. Das weiße Pulver erhalten Sie im Bioladen oder im Reformhaus.

2 Birnenjelly mit Schokosauce

Für 4 Portionen:
10 Blatt weiße Gelatine
ca. 40 g Ingwer
2 Nelken
1 Prise gemahlene Muskatnuss
600 ml Birnensaft
40 g Zartbitterschokolade
150 ml Milch (1,5 % Fett)
2–3 Messlöffel Johannisbrotkernmehl (Löffel liegt der Packung bei)

1. Gelatine in kaltem Wasser einweichen. Gewaschenen Ingwer in Scheiben schneiden, mit Nelken, Muskat und 150 ml Wasser in einem Topf aufkochen, 5 bis 10 Minuten bei milder Hitze köcheln. Die Gewürze abgießen, das Gewürzwasser in eine Schüssel geben und die eingeweichte Gelatine darin auflösen. Birnensaft dazugeben und nach Geschmack süßen. Eine flache Schale mit Klarsichtfolie auslegen und den Birnensud hineingeben. Über Nacht im Kühlschrank fest werden lassen.
2. Schokolade in 5 EL erhitzter Milch schmelzen lassen, zusammen mit der restlichen Milch im Mixer schaumig schlagen. Johannisbrotkernmehl dazugeben und weiter schlagen, bis eine schaumige Sauce entstanden ist.
3. Das Birnengelee aus der Form stürzen, die Folie abziehen und das Gelee in Würfel schneiden. Mit der Schokosauce servieren.

Pro Portion: 7 g E, 5 g F, 30 g KH = 200 kcal
Verwenden Sie frische Ingwerwurzel. Getrockneter Ingwer enthält nur wenig von den wertgebenden Inhaltsstoffen.

Info: Lecker: ein paar gehackte Kaffeebohnen darüberstreuen.

1
2

1
2

① Apfel-Grieß-Dessert

Für 3 Portionen:
2 TL getrocknete Cranberries
280 ml Apfelsaft
3 EL Grieß
2 Äpfel

1. Cranberries mit 3 EL Apfelsaft in eine kleine Schüssel geben, die Beeren bis zum Servieren aufquellen lassen.
2. Den restlichen Apfelsaft in einem kleinen Topf aufkochen. Den Grieß mit einem Schneebesen einrühren und einmal aufkochen. Den Topf von der Herdplatte nehmen und den Grieß 2 bis 3 Minuten ausquellen lassen.
3. Äpfel waschen, trocken reiben und schälen. Das Kerngehäuse entfernen und das Fruchtfleisch grob würfeln. Apfel und Grieß in den Mixer geben und fein zerkleinern. Nach Geschmack süßen und in drei Schälchen füllen. Bis zum Servieren kalt stellen. Zum Servieren die Cranberries abtropfen lassen und auf die Creme geben.

Pro Portion: 2 g E, 0 g F, 40 g KH = 179 kcal
4 g Ballaststoffe und 30 % der täglich benötigten Menge an Vitamin C bietet dieses frische Dessert.

Info: Frische Cranberries schmecken sehr sauer und etwas bitter, getrocknete Früchte sind süß und aromatisch. Verwenden Sie Cranberries wie Rosinen – auch in Kuchen und Müsli.

② Dattelquark mit Clementinen

Für 4 Portionen:
100 g getrocknete Datteln
5 Clementinen
200 g Magerquark
5 EL Milch (1,5 % Fett)
¼ TL Lebkuchengewürz
2 TL flüssiger Honig

1. Die Datteln mit einem spitzen Messer längs aufschneiden und den Stein herausschneiden. Früchte grob würfeln und in dem Saft einer Clementine 30 Minuten einweichen. Datteln mit dem Saft im Mixer fein zerkleinern, Quark, Milch und Lebkuchengewürz untermixen. Nach Geschmack süßen.
2. Das obere und untere Ende, also Stiel- und Blütenansatz der restlichen Clementinen mit einem scharfen Messer abschneiden. Die Früchte auf eine Schnittfläche legen und die Schale von oben nach unten Stück für Stück so dick abschneiden, dass die weiße Haut mit entfernt wird. Clementinen quer in Scheiben schneiden und auf vier Teller verteilen. Den Quark daraufgeben und mit je einem ½ TL Honig beträufeln.

Pro Portion: 8 g E, 1 g F, 29 g KH = 164 kcal
100 g getrocknete Datteln enthalten fast 9 g Ballaststoffe, ein gesunder Snack, der auch den Appetit auf Süßes befriedigt.

Info: Tauchen Sie beim Schneiden von Datteln das Messer zwischendurch in heißes Wasser. So lassen sie sich leichter schneiden, weil sie nicht an der Messerschneide festkleben.

① Kürbiscreme

Für 4 Portionen:
4 Blatt Gelatine
½ kleiner Kürbis,
z. B. Hokkaido oder Butternut (400 g)
1 Sternanis
½ Bio-Zitrone
150 ml Schlagsahne
150 g Naturjoghurt (1,5 % Fett)
2 EL Haselnussblättchen

1. Die Gelatine in kaltem Wasser einweichen. Den Kürbis in Spalten teilen und die Kerne mit einem Löffel herauskratzen. Das Fruchtfleisch von der Schale schneiden und grob würfeln. Das Kürbisfruchtfleisch mit 3 bis 4 EL Wasser und dem Sternanis zugedeckt etwa 15 bis 20 Minuten in einem Topf dünsten. Den Kürbis von der heißen Herdplatte nehmen und den Sternanis entfernen. Die Gelatine in der Hand etwas ausdrücken und im heißen Kürbiskompott auflösen.
2. 1 TL Zitronenschale mit einer feinen Reibe abreiben, die Zitrone auspressen. Die Sahne in den Mixer geben und cremig schlagen. Kürbis, Zitronensaft und -schale sowie den Joghurt dazugeben und fein zerkleinern. Nach Geschmack süßen und in vier Schälchen füllen. Über Nacht im Kühlschrank fest werden lassen.
3. Die Nüsse in einer beschichteten Pfanne ohne Fett rösten, bis sie aromatisch duften, abkühlen lassen und über die Creme streuen.

Pro Portion: 5 g E, 15 g F, 6 g KH = 190 kcal
Dieses Dessert enthält weniger als 1 g Fruktose und ist daher auch für die geeignet, die diesen Zucker nicht vertragen.

Info: Beim Hokkaido-Kürbis kann man die Schale mitverwenden.

② Ananas-Tofu-Dessert

Für 4 Portionen:
¼ Vanilleschote
½ Ananas (ca. 500 g)
300 g Seidentofu
6 Messlöffel Johannisbrotkernmehl
(Löffel liegt der Packung bei)
1 TL rosa Pfefferbeeren

1. Die Vanilleschote mit einem spitzen Messer aufschlitzen und das Mark herauskratzen. Die Schale von der Ananas trennen und den inneren Strunk herausschneiden. Vier hauchdünne Scheiben abschneiden, den Rest des Fruchtfleisches in mundgerechte Stücke teilen.
2. 250 g Ananasfruchtfleisch mit Tofu und Vanillemark in den Mixer geben und fein zerkleinern. Nach Geschmack (z. B. mit Agavendicksaft) süßen. Johannisbrotkernmehl kurz untermixen.
3. Die restlichen Ananasstücke in vier Schälchen füllen, die Creme darübergeben und kalt stellen. Zum Servieren mit den Ananasscheiben und den grob gehackten rosa Pfefferbeeren anrichten.

Pro Portion: 4 g E, 3 g F, 16 g KH = 109 kcal
Laktosefreies Dessert für Genießer.

Info: Rosa Pfefferbeeren sind nicht mit echtem Pfeffer verwandt und bringen neben einer milden Schärfe auch eine leicht süßliche Note mit.

1
2

1
2

① Zitronen-Joghurt-Mousse

Für 4 Portionen:
3 Blatt weiße Gelatine
1 Bio-Zitrone
300 g Naturjoghurt (3,5 % Fett)
100 ml Sahne
250 g Johannisbeer-Apfelmark (aus dem Bioladen oder Reformhaus)
1 TL gehackte Pistazienkerne

1. Die Gelatine in kaltem Wasser einweichen. Die Zitrone waschen und trocken reiben. 1 TL Zitronenschale mit einer feinen Reibe abreiben, die Frucht halbieren und den Saft auspressen. Joghurt mit der Zitronenschale im Mixer schaumig aufschlagen und nach Geschmack (z. B. mit mildem Honig) süßen.
2. Zitronensaft erhitzen und die Gelatine darin auflösen. Zunächst etwas von der Joghurtmasse unter die Gelatine rühren, dann die Gelatinemischung auf kleinster Stufe unter die Joghurtmasse rühren. Die Sahne steif schlagen und unter die Joghurtcreme heben. Die Joghurtcreme in eine Schüssel füllen und mindestens 3 Stunden kalt stellen.
3. Das Johannisbeer-Apfelmark auf vier Teller geben. Mit zwei Esslöffeln Nocken aus der Creme abstechen und auf das Fruchtmark setzen. Mit Pistazien bestreut servieren.

Pro Portion: 5 g E, 11 g F, 14 g KH = 186 kcal
Kalium, Kalzium und eine Reihe von B-Vitaminen sind die Stärken dieses Desserts.

Info: Wer ungesüßtes Fruchtmark im Vorrat hat, kann spontan Smoothies zaubern, auch wenn die Zeit nicht für den Einkauf von frischem Obst gereicht hat.

② Heidelbeer-Mousse auf Mohnsauce

Für 4 Portionen:
1 EL Mohn
1 EL gemahlene Mandeln
125 ml Milch (1,5 % Fett)
2 EL Sahne
1 Eigelb
150 g Heidelbeeren
¼ Vanilleschote
½ Päckchen Instant-Gelatine (25 g)
100 ml roter Traubensaft
250 g Naturjoghurt (3,5 % Fett)

1. Für die Sauce Mohn und Mandeln mit Milch in einem Topf erhitzen. Sahne und Eigelb verquirlen und mit einem Schneebesen in die heiße (nicht kochende) Milch rühren. Sauce abkühlen lassen, eventuell süßen und kalt stellen.
2. Heidelbeeren waschen und abtropfen lassen. Vanilleschote aufschlitzen und das Mark herauskratzen. Beeren mit Vanillemark im Mixer fein zerkleinern. Gelatine in den Traubensaft einrühren, mit dem Joghurt zu den Beeren geben und kurz untermixen, dabei nach Geschmack süßen. Die Heidelbeer-Joghurt-Masse in eine flache Schüssel geben und abgedeckt mindestens 3 Stunden in den Kühlschrank stellen.
3. Mit zwei Esslöffeln Nocken von der Creme abstechen und auf vier Teller anrichten. Die Mohnsauce neben die Nocken geben.

Pro Portion: 9 g E, 10 g F, 12 g KH = 178 kcal
Rund 20 % der täglich benötigten Menge an Kalzium, Vitamin B_2, B_{12} und Biotin sind in einer Portion enthalten.

Info: Die Mohnsauce erst abschmecken, wenn sie lauwarm abgekühlt ist. Sonst gerät Ihnen die Sauce eventuell süßer, als Ihnen lieb ist.

① Papaya-Himbeer-Schichtcreme

Für 3 Portionen:
1 kleine Papaya (300 g)
150 g Naturjoghurt (10 % Fett)
2 EL Zitronensaft
4 Messlöffel Johannisbrotkernmehl (Löffel liegt der Packung bei)
300 g Himbeeren
3 kleine Makronen (Amaretti)

1. Papaya halbieren, die Kerne heraustrennen und die Schale entfernen. Fruchtfleisch grob würfeln, mit der Hälfte des Joghurts und dem Zitronensaft in den Mixer geben. 2 Messlöffel Johannisbrotkernmehl zufügen und alles fein zerkleinern.
2. Himbeeren verlesen und eventuell kurz waschen. Mit der zweiten Hälfte des Joghurts und dem restlichen Johannisbrotkernmehl im Mixer fein zerkleinern. Beide Fruchtpürees nach Geschmack süßen.
3. Himbeercreme und Papayacreme abwechselnd in drei Gläser füllen und mindestens ½ Stunde in den Kühlschrank stellen. Je eine Makrone auf die Creme setzen und servieren.

Pro Portion: 3 g E, 6 g F, 16 g KH = 144 kcal
Schon ein Viertel der täglich benötigten Ballaststoffe sind in einer Portion enthalten.

Info: Johannisbrotkernmehl ist ein pflanzliches Bindemittel, das nahezu ohne Kalorien kalte und warme Speisen bindet. Sie erhalten es im Reformhaus, ein Messlöffel liegt der Packung bei.

② Brombeerjoghurt mit Kokoszwieback

Für 2 Portionen:
125 g Brombeeren
1 EL Zitronensaft
250 g Naturjoghurt (3,5 % Fett)
3 Kokoszwieback

1. Brombeeren waschen und verlesen, zwei schöne Beeren beiseitelegen, die restlichen mit dem Zitronensaft in den Mixer geben und fein zerkleinern. Die Hälfte des Joghurts untermixen und nach Geschmack süßen. Den restlichen Joghurt mit einem Löffel unterheben, sodass eine marmorierte Creme entsteht.
2. Den Zwieback grob zerbrechen und mit dem Joghurt in zwei Gläser schichten. Mindestens ½ Stunde im Kühlschrank durchziehen lassen. Mit je einer Brombeere dekoriert servieren.

Pro Portion: 6 g E, 6 g F, 20 g KH = 172 kcal
Brombeeren enthalten mehr Ballaststoffe und Vitamin C als Äpfel.

Info: Zur Abwechslung: Auch Stachelbeeren oder Bananen passen geschmacklich zum Kokoszwieback.

1
2

1
2

① Johannisbeerjoghurt mit gerösteten Haferflocken

Für 3 Portionen:
250 g rote Johannisbeeren
300 g Naturjoghurt (1,5 % Fett)
2 EL Erdbeerkonfitüre
2–3 Messlöffel Johannisbrotkernmehl (Löffel liegt der Packung bei)
½ EL Butter
4 EL kernige Haferflocken

1. Die Johannisbeeren in stehendem Wasser waschen und abtropfen lassen. Die Beeren mit einer Gabel von den Rispen streifen und die Hälfte zusammen mit Joghurt, Erdbeerkonfitüre und Johannisbrotkernmehl im Mixer fein zerkleinern. Nach Geschmack (z. B. mit Honig) süßen.
2. Die Butter in einer kleinen beschichteten Pfanne erhitzen. Haferflocken und nach Geschmack etwas Zucker dazugeben, bei milder Hitze so lange rösten, bis die Haferflocken goldgelb und knusprig sind. Joghurt und Johannisbeeren in Dessertschälchen füllen und mit den knusprigen Haferflocken bestreut servieren.

Pro Portion: 6 g E, 5 g F, 29 g KH = 195 kcal
Stillt den Süßhunger auf leichte und vitaminreiche Art.

Info: Liebhaber von säuerlichen Johannisbeeren verlängern die kurze Erntesaison, indem sie Beeren einfrieren. Dafür die von den Stielen abgestreiften Beeren in einer flachen Schale nebeneinander vorgefrieren und erst dann in Beutel oder Dosen verpackt lagern. So kann man die Beeren portionsweise entnehmen.

② Kastaniencreme auf Mangospalten

Für 4 Portionen:
1 Mango (400 g)
½ Zitrone
2–3 EL Ahornsirup
100 g gegarte Maronen/Esskastanien (vakuumverpackt)
150 ml Sahne
Schokosauce

1. Die Mango schälen und in Spalten vom Stein schneiden. Die Zitrone auspressen und den Saft mit Ahornsirup verrühren. Den Sirup über die Mangospalten träufeln und abgedeckt im Kühlschrank etwa 1 Stunde ziehen lassen.
2. Die Kastanien mit 3 bis 4 EL Sahne im Mixer fein pürieren. Die restliche Sahne steif schlagen und das Kastanienpüree unterheben. Die Sahne nach Geschmack süßen (z. B. mit Bourbon-Vanillezucker). Mangospalten auf vier Tellern anrichten mit Kastaniensahne und etwas Schokosauce servieren.

Pro Portion: 2 g E, 12 g F, 23 g KH = 220 kcal
Ein sättigendes Dessert – perfekt nach einem leichten Hauptgang.

Info: Schneller geht's mit Kastanienpüree aus der Dose. Sie finden es in der Feinkostabteilung im Supermarkt.

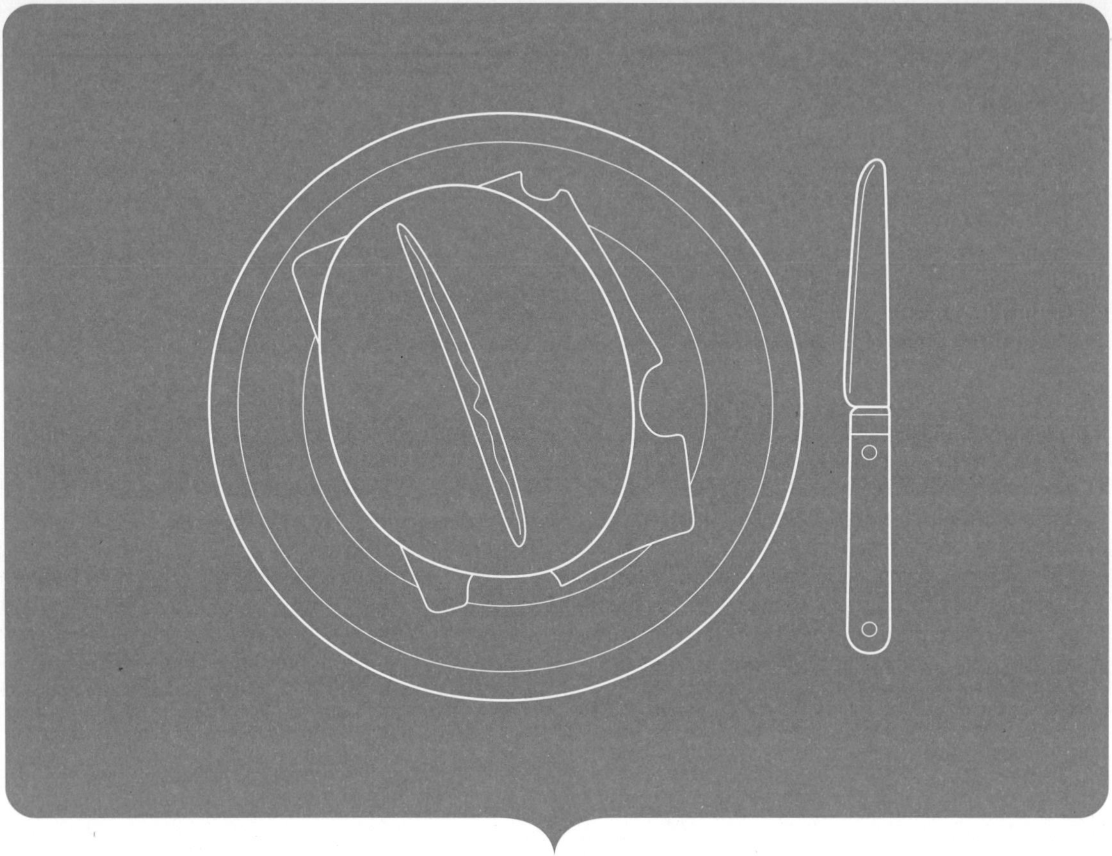

DIE GEHALTVOLLEN

Keine Lust auf eine handfeste Mahlzeit? Dann probieren Sie es mal mit den gehaltvollen Smoothies. Da gibt es kleine Snacks für zwischendurch oder geeiste Suppen für den Hochsommer. Frühstücksmuffel, die morgens nicht viel essen mögen, entdecken neue Rezepte für einen guten Start in den Tag. Und selbst wer unter Zahnproblemen oder Schluckbeschwerden leidet, findet hier cremige Mahlzeiten mit viel Aroma und nützlichen Nährstoffen.

Fünf Smoothies, die ein Frühstück ersetzen

② Trinkfrühstück à la Bircher

Im Mixer wird der Müsli-Klassiker neu aufgemischt.

① Porridgedrink mit Pflaumenmus

Wärmt morgens schön durch und hält lange satt.

4 Schokosüppchen mit Datteln

Warmes Müsli »de luxe«: Datteln und Haselnussmus peppen den magenfreundlichen Suppenklassiker auf.

5 Erdbeer-Quark-Drink

Schmeckt nicht nur zum Frühstück. Der Fruchtquark macht auch als leichtes Mittagessen eine gute Figur.

3 Winter-Trinkmüsli

Für weihnachtlichen Duft geben Sie noch etwas Zimt oder Lebkuchengewürz dazu.

>> Fünf Smoothies, die ein Frühstück ersetzen

Frühstücken scheint nicht mehr im Trend zu liegen. Nur etwa 40 % der Deutschen essen in der Frühe zu Hause. Viele lassen die Mahlzeit komplett ausfallen, andere kaufen auf dem Weg zur Arbeit einen schnellen Kaffee und ein süßes Teilchen beim Bäcker.

Haben Sie morgens auch keinen Appetit? Dann stärken Sie sich mit einem Drink. Der hält lange satt, ohne zu belasten. Für den guten Start in den Tag einfach Obst, Haferflocken und Milchprodukte in den Mixer geben und das flüssige Frühstück in einen Thermobecher füllen. So unterliegen Sie unterwegs nicht den Verlockungen der Backshops, sondern genießen Schluck für Schluck ein hochwertiges Frühstück.

1 Porridgedrink mit Pflaumenmus

Für 2 Portionen:
5–6 EL Dinkelflocken
300 ml Vollmilch
100 g kernlose Weintrauben
1 EL Walnüsse
2 EL Pflaumenmus
etwas Zimt

1. Dinkelflocken und Milch in einem kleinen Topf aufkochen, die Herdplatte ausschalten und die Mischung 3 bis 5 Minuten ausquellen lassen.
2. Weintrauben waschen und vom Stiel zupfen. Den Flocken-Milch-Mix mit den Weintrauben und den Walnüssen im Mixer fein pürieren. Eventuell mit etwas Honig süßen.
3. In zwei hitzebeständige Gläser je 1 EL Pflaumenmus geben, den warmen Porridgedrink darüberlaufen lassen und mit etwas Zimt bestreuen. Mit einem dicken Trinkhalm oder einem Cocktaillöffel servieren.

Pro Portion:
9 g E, 11 g F, 46 g KH = 328 kcal
Deckt den Bedarf an 7 lebenswichtigen Vitaminen und Mineralstoffen zu 20 %.

Info: Achten Sie aufs Etikett: Pflaumen, Zucker und eventuell Gewürze – mehr Zutaten sind für ein gutes Pflaumenmus nicht nötig.

2 Trinkfrühstück à la Bircher

Für 2 Portionen:
1 Apfel
100 g Naturjoghurt (3,5 % Fett)
300 ml Vollmilch
20 g Haselnüsse
2 EL Zitronensaft
3 gehäufte EL zarte Haferflocken
½ TL Raspelschokolade

1. Den Apfel schälen, das Kerngehäuse herausschneiden und das Fruchtfleisch grob würfeln.
2. Die Apfelstücke mit Joghurt, Milch, Nüssen, Zitronensaft und Haferflocken in den Mixer geben und fein zerkleinern. Nach Geschmack (z. B. mit Honig) süßen. In zwei Gläser füllen, mit Raspelschokolade bestreuen und sofort servieren.

Pro Portion:
10 g E, 14 g F, 33 g KH = 316 kcal
Mit diesem Frühstück im Magen hält man locker bis zum Mittagessen durch.

Info: Perfektes Frühstück für Unterwegs – das Trinkmüsli frisch gemixt zum Kühlhalten in einen Thermobecher füllen und am Arbeitsplatz genießen.

3 Winter-Trinkmüsli

Für 2 Portionen:
2 frische Feigen
1 Banane
3 Mandarinen
4 gehäufte EL zarte Haferflocken
1 EL geschrotete Leinsamen
20 g Cashewkerne
150 g Dickmilch (3,5 % Fett)
4 EL Cranberrysaft

1. Feigen schälen und grob schneiden. Die Banane schälen und in dicke Scheiben schneiden. Die Mandarinen halbieren und den Saft auspressen.
2. Früchte zusammen mit Mandarinensaft, Haferflocken, Leinsamen, Cashewkernen und Dickmilch in den Mixer geben und fein zerkleinern. Eventuell nach Geschmack süßen.
3. Den Cranberrysaft über den Müsli-Drink geben und leicht verstrudeln.

Pro Portion:
10 g E, 11 g F, 40 g KH = 313 kcal
Reich an Vitamin B_1, B_6 und C sowie an Kalium und Magnesium.

Info: Das Trinkmüsli gelingt auch ohne frisch eingekaufte Zutaten: Verwenden Sie getrocknete Soft-Feigen und Orangensaft.

4 Schokosüppchen mit Datteln

Für 2 Portionen:
2 Datteln
1 EL Kakaopulver
1 EL Zucker
400 ml Vollmilch
2 EL Haselnussmus
3 EL Haferflocken

1. Die Datteln halbieren, den Kern entfernen und das Fruchtfleisch grob hacken.
2. In einer kleinen Schüssel den Kakao mit Zucker und etwas kalter Milch glatt rühren. Die restliche Milch und das Haselnussmus erhitzen und den angerührten Kakao einrühren.
3. Die heiße Kakaosuppe zusammen mit den Datteln und den Haferflocken in den Mixer füllen und alles fein zerkleinern. Eventuell noch einmal erhitzen und in zwei großen Bechern servieren.

Pro Portion:
13 g E, 22 g F, 36 g KH = 398 kcal
Nüsse bieten eine große Menge einfach ungesättigter Fettsäuren, die einen positiven Einfluss auf den Cholesterinspiegel aufweisen.

Info: Statt der Datteln können Sie auch getrocknete Soft-Früchte verwenden. Feigen, Apfelringe, Birnen oder Aprikosen bieten sich dafür an.

5 Erdbeer-Quark-Drink

Für 2 Portionen:
250 g Erdbeeren
½ Zitrone
200 g Quark (20 % F. i. Tr.)
150 ml roter Traubensaft
2 EL Weizenkleie
2 EL gemahlene Mandeln

1. Die Erdbeeren in stehendem Wasser waschen und abtropfen lassen. Die Zitrone auspressen. Früchte mit dem Zitronensaft im Mixer fein pürieren. Nach Geschmack (z. B. mit Ahornsirup) süßen.
2. Quark mit dem Traubensaft verrühren und ebenfalls nach Geschmack süßen. Kleie und gemahlene Mandeln unterrühren.
3. Erdbeeren und Quark schichtweise in zwei Gläser füllen und mit einem dicken Trinkhalm oder einem Cocktaillöffel servieren.

Pro Portion:
18 g E, 13 g F, 23 g KH = 300 kcal
Die Mischung aus viel Eiweiß und 6 g Ballaststoffen sorgt für eine lang anhaltende Sättigung.

Info: Lecker auch mit Nektarinen, Pfirsichen oder Aprikosen. Den Quark dann mit Orangensaft glatt rühren.

① Heiße Marzipan-Aprikosen-Milch

Für 2 Portionen:
400 ml Vollmilch
60 g Marzipanrohmasse
5 getrocknete Soft-Aprikosen
1 Prise Kardamom

1. Milch in einem kleinen Topf bis kurz vor dem Sieden erhitzen.
2. Die heiße Milch mit der Marzipanrohmasse und den Aprikosen in den Mixer geben und fein zerkleinern. Mit Kardamom abschmecken und eventuell noch einmal kurz erhitzen. In zwei Becher füllen und nach Geschmack mit je einer Aprikose servieren.

Pro Portion:
12 g E, 17 g F, 28 g KH = 323 kcal
Dieser Drink wärmt schön durch und versorgt Sie mit den Mineralstoffen Kalium, Kalzium und Magnesium.

Info: Trockenfrüchte enthalten mehr Ballast- und Mineralstoffe als frische Früchte, ihr Gehalt an hitze- und lichtempfindlichen Vitaminen dagegen ist geringer.

② Pfirsich-Safran-Smoothie mit Vanilleeis und Pistazien

Für 2 Portionen:
2 Pfirsiche
150 g Dickmilch (1,5 % Fett)
50 ml Schlagsahne
½ Döschen gemahlener Safran (0,05 g)
2 Kugeln Vanilleeis
1 TL gehackte Pistazien

1. Pfirsiche waschen, trocken reiben und in Spalten vom Stein schneiden.
2. Früchte mit Dickmilch, Sahne und Safran in den Mixer geben und fein zerkleinern. Eventuell nach Geschmack (z. B. mit Ahornsirup) süßen.
3. Je eine Kugel Eis in ein Glas geben, den Smoothie darübergießen und mit den gehackten Pistazien bestreuen. Mit einem langstieligen Löffel oder einem dicken Trinkhalm servieren.

Pro Portion:
6 g E, 14 g F, 21 g KH = 240 kcal
Pfirsiche enthalten nur 40 Kalorien in 100 g Fruchtfleisch, im Verhältnis dazu aber viele Vitamine, Mineralstoffe und Bioaktivstoffe.

Info: Im Hochsommer Weinbergpfirsiche verwenden. Sie sind besonders aromatisch.

③ Sahnedrink Schoko-Orange

Für 2 Portionen:
100 ml Sahne
50 g Zartbitterschokolade
2 Orangen
2 EL Quark (20 % F. i. Tr.)
2 Prise Kakaopulver

1. Die Sahne erwärmen und die Schokolade darin unter Rühren schmelzen lassen. Schokosahne zunächst bei Zimmertemperatur abkühlen lassen, dann im Kühlschrank kalt stellen.
2. Die Orangen halbieren und auspressen. Orangensaft, Schokosahne und Quark in den Mixer geben und schaumig aufrühren. In zwei Gläser füllen, mit Kakaopulver bestreuen und sofort servieren.

Pro Portion:
7 g E, 25 g F, 22 g KH = 345 kcal
Luxus-Smoothie für ganz besondere Momente.

Info: Chili und Schokolade passen ausgezeichnet zusammen: Versuchen Sie diesen Drink doch mal mit einer Prise Cayennepfeffer.

1
2
3

1
2

1 Sanddorn-Bananen-Milch

Für 2 Portionen:
2 Bananen
100 g Sanddornmark (ungesüßt)
250 ml Vollmilch
2 EL Weizenkeime
2 TL Pistazien

1. Bananen schälen und in dicke Scheiben schneiden.
2. Banane, Sanddornmark, Milch und Weizenkeime in den Mixer geben und fein zerkleinern. Den Milchdrink eventuell (z. B. mit Honig) süßen und in zwei Gläser füllen.
3. Die Pistazien ganz fein hacken, daraufstreuen und sofort servieren.

Pro Portion: 8 g E, 9 g F, 35 g KH = 268 kcal
Sanddorn ist wegen seines hohen Gehalts an Vitamin C als »Zitrone des Nordens« bekannt – ein Glas deckt den Tagesbedarf zu 80 %.

Info: Schauen Sie nach ungesüßtem Sanddornmark, so können Sie selbst bestimmen, wie viel Süße Sie hinzufügen.

2 KiBa-Joghurt-Drink

Für 2 Portionen:
2 kleine Bananen
150 g Naturjoghurt (3,5 % Fett)
50 ml Vollmilch
300 g Kirschen mit Flüssigkeit (aus dem Glas)

1. Die Banane schälen und in dicke Scheiben schneiden, zusammen mit Joghurt und Vollmilch im Mixer fein zerkleinern und nach Geschmack süßen. Den Bananenjoghurt in ein kleines Kännchen füllen und den Mixer säubern.
2. Kirschen mit der Flüssigkeit ebenfalls im Mixer fein zerkleinern und eventuell süßen.
3. Kirschpüree und Bananenjoghurt gleichzeitig in zwei Gläser einfüllen und mit einem Cocktaillöffel oder einem dicken Strohhalm servieren.

Pro Portion: 5 g E, 4 g F, 49 g KH = 267 kcal
Perfekt im Winter, wenn es keine so reichhaltige Auswahl an frischem Obst gibt. Gehaltvoll und mineralstoffreich.

Info: Vollreife Bananen und Kirschen aus dem Glas enthalten häufig genug fruchteigene Süße – probieren Sie vor dem Abschmecken, ob die Mischung nicht süß genug ist.

① Kokos-Ingwer-Drink

Für 2 Portionen:
2 Bananen
ca. 20 g Ingwer
1 Limette
200 ml Kokosmilch
200 ml Mineralwasser
5–10 Eiswürfel

1. Banane schälen und das Fruchtfleisch in dicke Scheiben schneiden. Ingwer schälen und fein reiben. Die Limette halbieren und auspressen.
2. Kokosmilch, Bananenscheiben, Ingwer, Limettensaft, Mineralwasser und Eiswürfel in den Mixer geben und fein zerkleinern. Eventuell nach Geschmack (z. B. mit braunem Zucker) abschmecken.

Pro Portion: 2 g E, 17 g F, 26 g KH = 277 kcal
Ein nährstoffreicher Drink, der eine kleine Mahlzeit ersetzen kann.

Info: Ingwer hat einen positiven Effekt auf die Magensaft-, Speichel- und Gallenbildung und wirkt beruhigend bei Magenproblemen auf der Reise.

② Ananas-Sauerkraut-Smoothie

Für 2 Portionen:
300 g Ananas (ca. 200 g Fruchtfleisch)
250 ml Sauerkrautsaft
50 ml Schlagsahne
50 ml Vollmilch
40 g Walnüsse

1. Die Ananas schälen, den inneren Strunk entfernen und das Fruchtfleisch in Stücke schneiden.
2. Das Fruchtfleisch der Ananas zusammen mit Sauerkrautsaft, Sahne, Milch und den Nüssen in den Mixer geben und fein zerkleinern. Den Smoothie nach Geschmack (z. B. mit Ahornsirup) süßen. Eventuell 1 bis 2 Nusshälften fein hacken und vor dem Servieren über den Drink streuen.

Pro Portion: 5 g E, 23 g F, 13 g KH = 287 kcal
Die Walnüsse sorgen dafür, dass die täglich notwendige Menge an Vitamin E mit einem Drink schon zur Hälfte gedeckt ist.

Info: Sauerkrautsaft ist reich an Vitaminen, Mineralstoffen und wertvollen Milchsäurebakterien. Durch die süße Ananas und Schlagsahne wird der säuerliche Geschmack des Safts angenehm abgerundet.

1
2

1
2

1 Scharfer Salat-Smoothie

Für 2 Portionen:
1 Römersalatherz (ca. 100 g)
1 Avocado
1 Limette
1 Orange
1–2 TL Meerrettich
150 g Naturjoghurt (10 % Fett)
5 Eiswürfel
Worcestershiresauce
eventuell Mineralwasser
1 EL Crème fraîche

1. Den Strunk vom Salat entfernen. Salatblätter waschen, abtropfen lassen und in Streifen schneiden. Avocado mit einem Messer rundherum bis zum Kern hin einschneiden und die Hälften durch leichtes Gegeneinanderdrehen voneinander trennen. Die Hälfte mit dem Kern etwas zusammendrücken, sodass sich der Kern löst, Fruchtfleisch herauslöffeln. Limette und Orange halbieren, Saft auspressen.
2. Salat, Avocadofruchtfleisch, Limetten- und Orangensaft, Meerrettich, Joghurt und Eiswürfel in den Mixer geben und fein zerkleinern. Mit Worcestershiresauce und Zucker nach Geschmack würzen. Eventuell mit Mineralwasser etwas verdünnen.
3. Den Smoothie in zwei Gläser füllen, die Crème fraîche glatt rühren und je einen Tupfen auf den Smoothie setzen.

Pro Portion 4 g E, 20 g F, 15 g KH = 268 kcal
Mehr als ein Drittel der täglich benötigten Kaliummenge ist in einem Glas enthalten.

Info: Noch etwas schärfer gerät der Smoothie, wenn Sie ihn mit der japanischen Meerrettich-Variante Wasabi würzen.

2 Tomatensalat einmal anders

Für 2 Portionen:
400 g Tomaten
1 Stängel Koriander
1 Orange
2 EL Olivenöl
2 EL Erdnussmus
Salz
gemahlener Kreuzkümmel

1. Tomaten waschen, trocknen, vierteln und dabei den Stielansatz herausschneiden. Koriander waschen und trocken schütteln. Die Blättchen vom Stängel zupfen und fein schneiden. Die Orange halbieren und auspressen.
2. Tomaten, Koriander, Orangensaft, Öl und Erdnussmus in den Mixer geben und fein zerkleinern. Mit Salz, Kreuzkümmel und eventuell Zucker herzhaft abschmecken.

Pro Portion: 7 g E, 20 g F, 13 g KH = 268 kcal
Erdnüsse enthalten neben vorwiegend einfach ungesättigten Fettsäuren auch etwa 30 % Eiweiß.

Info: Als Appetizer mit gegrillten Hähnchenfleisch- bzw. Garnelenspießen oder gerösteten Brotstreifen servieren. Statt Koriander können Sie auch Petersilie verwenden.

1 Pflaumencreme mit Ziegenfrischkäse

Für 2 Portionen:
1 kleiner Zweig Rosmarin
150 g Pflaumen
100 g Vollmilch
100 g Ziegenfrischkäse
1 EL Mandelmus
Salz, Pfeffer
2 Scheiben Bauernbrot

1. Rosmarin waschen und trocken schütteln. Die Nadeln abzupfen und fein schneiden. Pflaumen waschen, trocken reiben, entsteinen und grob würfeln.
2. Rosmarin und Pflaumen mit Milch, Ziegenfrischkäse und Mandelmus im Mixer fein zerkleinern. Mit Salz und Pfeffer herzhaft abschmecken und in Schälchen füllen.
3. Das Brot im Toaster rösten und in Streifen schneiden. Die Creme eventuell mit etwas Honig beträufeln und mit den Brotstreifen aufdippen.

Pro Portion: 11 g E, 14 g F, 37 g KH = 330 kcal
Gehaltvoller Dip, der mit einem hohen Anteil an Vitaminen und Mineralstoffen punktet.

Info: Sie können den Dip auch mit Chicorée-Blättern oder Rohkost-Streifen servieren.

2 Kichererbsendip mit Rauke

Für 2 Portionen:
1 Dose Kichererbsen (250 g Abtropfgewicht)
1 Knoblauchzehe
½ Bund Rauke (30 g)
½ Zitrone
125 ml Trinkjoghurt (1,5 % Fett)
2 EL Tahini (Paste aus gemahlenem Sesam)
eventuell etwas Gemüsebrühe oder -fond
Salz, Cayennepfeffer
gemahlener Kreuzkümmel
2 EL natives Olivenöl
200 g Möhren
200 g Gurke

1. Die Kichererbsen in ein Sieb geben und unter fließendem Wasser abspülen, bis das Wasser klar bleibt. Knoblauchzehe schälen und vierteln. Rauke waschen, trocken schütteln und fein schneiden. Zitrone auspressen.
2. Kichererbsen, Knoblauch, Joghurt, Tahini und Zitronensaft in den Mixer geben und fein pürieren. Ist der Dip zu fest, mit etwas Gemüsebrühe oder -fond verdünnen. Mit Salz, Cayennepfeffer und Kreuzkümmel abschmecken und die Rauke unterrühren.
3. Den Dip in zwei Schälchen füllen und mit Olivenöl beträufeln. Möhren und Gurke schälen und in lange Stifte schneiden. Zum Dip servieren.

Pro Portion: 16 g E, 24 g F, 36 g KH = 438 kcal
Viele Ballaststoffe und hochwertiges Öl halten lange satt.

Info: Hülsenfrüchte in der Dose enthalten fast die gleichen Inhaltsstoffe wie frisch gegarte Erbsen, Bohnen, Linsen oder Kichererbsen.

1
2

1
2

1 Geeiste Kartoffelsuppe mit getrockneten Tomaten

Für 2 Portionen:
1 kleine Zwiebel
2 Kartoffeln (200 g)
4 getrocknete Tomaten in Olivenöl (plus 2 EL Öl)
250 ml Gemüsebrühe
50 ml Sojacreme
Salz, Pfeffer
2 TL Pinienkerne

1. Zwiebel pellen und grob schneiden, Kartoffeln schälen und würfeln. Tomaten in Streifen schneiden. Die 2 EL vom Tomatenöl in einem kleinen Topf erhitzen, die Zwiebeln darin einige Minuten glasig dünsten. Kartoffelwürfel und Tomatenstreifen zugeben und mit der Brühe auffüllen. Zugedeckt etwa 20 Minuten bei kleiner Hitze kochen.
2. Die Kartoffel-Tomaten-Suppe einige Minuten abkühlen lassen, dann zusammen mit der Sojacreme im Mixer fein zerkleinern. Eventuell mit Salz und Pfeffer abschmecken.
3. Zunächst bei Zimmertemperatur abkühlen lassen, dann etwa ½ Stunde in die Tiefkühltruhe stellen. Die Pinienkerne grob hacken und in einer trockenen Pfanne ohne Fettzugabe rösten. Über die Suppe geben und nach Belieben mit einigen Streifen getrockneter Tomaten servieren.

Pro Portion: 5 g E, 22 g F, 16 g KH = 283 kcal
In einer Portion sind 30 % der täglich notwendigen Menge an Vitamin E enthalten. Zusammen mit Vitamin C kann es zur Vorbeugung von Gefäßverengungen beitragen.

Info: Für eine grüne Variante verwenden Sie statt der getrockneten Tomaten 1 EL Basilikum-, Bärlauch- oder Kürbiskernpesto.

2 Avocadosüppchen

Für 2 Portionen:
½–1 rote Chilischote
1 Limette
3 Stängel Koriandergrün
100 g saure Sahne
150–200 ml Gemüsefond
1 Avocado
Salz, Pfeffer

1. Chilischote waschen und fein würfeln. Limette halbieren und auspressen. Koriandergrün waschen, trocken schütteln und grob hacken.
2. Die vorbereiteten Zutaten zusammen mit saurer Sahne und Gemüsefond in den Mixer geben und alles fein mixen.
3. Die Avocado rundherum mit einem Messer bis zum Kern hin einschneiden und die Hälften durch leichtes Gegeneinanderdrehen voneinander trennen. Die Hälfte mit dem Kern in der Hand etwas zusammendrücken, sodass sich der Kern löst. Das Fruchtfleisch herauslöffeln, zu den anderen Zutaten in den Mixer geben und noch einmal alles mixen. Mit Salz und Pfeffer abschmecken und bis zum Servieren abgedeckt in den Kühlschrank stellen. Die Suppe nach Belieben mit einigen Avocadostreifen dekorieren.

Pro Portion: 3 g E, 21 g F, 8 g KH = 240 kcal
Avocados enthalten viel Vitamin D (wichtig für die Knochen), sodass der Tagesbedarf durch dieses Süppchen schon zu zwei Dritteln gedeckt ist.

Info: Für ein kaltes Buffet können Sie das Avocadosüppchen mit der geeisten Kartoffelsuppe in kleinen Portionen, z. B. in Gläsern oder Mokkatassen, auf einer Platte mit Eis servieren. Zur Avocadosuppe passen kleine Garnelenspieße.

1 Zucchinisuppe mit Rosmarin und Oliven

Für 2 Portionen:
1 kleine Zwiebel
1 große Kartoffel (150 g)
1 kleine Zucchini (150 g)
1 Zweig Rosmarin
30 g grüne Oliven mit Mandelfüllung
2 EL Olivenöl
250 ml Gemüsebrühe
4 EL Schlagsahne
Salz, Pfeffer

1. Zwiebel pellen und grob schneiden, Kartoffeln schälen und würfeln. Zucchini waschen und ebenfalls würfeln. Den Rosmarin waschen und trocken schütteln, die Hälfte der Nadeln abzupfen und fein hacken. Die Oliven halbieren und beiseitestellen.
2. 1 EL Öl in einem Topf erhitzen und die Zwiebeln einige Minuten glasig dünsten. Kartoffeln, Zucchini, den restlichen Rosmarin und Gemüsebrühe zugeben. Zugedeckt 20 Minuten garen.
3. Den Rosmarinzweig aus dem Topf entfernen, das Gemüse mit der Flüssigkeit und der Sahne in den Mixer geben und fein pürieren. Eventuell mit Salz und Pfeffer abschmecken.
4. Zucchinisuppe mit den halbierten Oliven und gehacktem Rosmarin bestreuen und mit dem restlichen Olivenöl beträufeln.

Pro Portion: 5 g E, 18 g F, 11 g KH = 230 kcal
Wer Salz sparen möchte, verwendet statt der Gemüsebrühe einen Fond oder ein natriumarmes Produkt.

Info: Für mehr Abwechslung: Ersetzen Sie die Zucchini durch die gleiche Menge Blumenkohl, Broccoli, Kohlrabi oder Fenchel. Die Garzeit ändert sich nicht.

2 Linsensuppe mit Tomaten und Aprikosen

Für 2 Portionen:
1 große Zwiebel
300 g Tomaten
30 g getrocknete Aprikosen
2 EL Rapsöl
75 g rote Linsen
300 ml Gemüsebrühe
100 ml Sojacreme
2 EL Tahini (Paste aus gemahlenem Sesam)
Salz, Pfeffer
gemahlener Kreuzkümmel

1. Die Zwiebel pellen und grob schneiden. Tomaten waschen, den Stielansatz kegelförmig herausschneiden und ebenfalls grob schneiden. Die Aprikosen grob würfeln.
2. Das Öl in einem Topf erhitzen und die Zwiebeln darin einige Minuten glasig dünsten. Tomaten, Linsen, Aprikosen und die Gemüsebrühe zugeben und zugedeckt bei milder Hitze 15 bis 20 Minuten garen, bis die Linsen gerade eben weich sind.
3. Den Topfinhalt zusammen mit Sojacreme und Tahini in den Mixer geben und fein pürieren. Mit Salz, Pfeffer und Kreuzkümmel abschmecken und, nach Geschmack mit einigen Tupfen Sojacreme dekoriert, sofort servieren.

Pro Portion: 16 g E, 29 g F, 36 g KH = 479 kcal
Gut 10 g, also etwa ein Drittel der empfohlenen Menge an Ballaststoffen, ist in einer Portion dieser Suppe enthalten.

Info: Wer die Suppe lieber weniger gehaltvoll möchte, verwendet nur je 1 EL Öl und Tahini und tauscht die Sojacreme gegen Seidentofu aus. Dann enthält eine Portion nur noch 12 g Fett und 320 kcal – schön satt wird man trotzdem.

1
2

REGISTER

A

B

D

E

F

G

H

I

J

K

IMPRESSUM

Stiftung Warentest
Lützowplatz 11–13
10785 Berlin
Tel. 0 30/26 31–0
Fax 0 30/26 31–25 25
www.test.de

Vorstand: Hubertus Primus
Weiteres Mitglied der Geschäftsleitung:
Dr. Holger Brackemann (Bereichsleiter Untersuchungen)

Die Nährwertberechnungen erfolgten mit dem Prodi Ernährungs- und Diätberatungsprogramm, Version 5.8, Wissenschaftliche Verlagsgesellschaft, Stuttgart 2010.

Programmleitung: Niclas Dewitz

Autorin: Astrid Büscher
Projektleitung: Ramona Jäger
Lektorat: Ramona Jäger, Veronika Schuster
Korrektor: Hartmut Schönfuß
Gestaltung, Art Direction, Layout: Axel Raidt, Berlin
Illustrationen: Ingo Neumann, Berlin
Fotografie: Knut Koops, Berlin
Foodstyling: Frauke Koops, Geesthacht

Bildnachweis: fotolia (S. 6: Es75, S. 8: volff, S. 9: Edyta Pawlowska, eyewave, volff, S.10: ivan kmit, Werg, S.11: Barbro Bergfeldt, ostromec, SGiustiPHOTO, S.12: mates, Lucky Dragon, S.13: Christian Jung, gtranquillity, S.14: felinda, rdnzl, S.15: Yasonya, volkerr, S. 22: ConstanzeK, Daniel Wiedemann)

Produktion: Vera Göring
Verlagsherstellung: Rita Brosius (Ltg.), Susanne Beeh
Litho: tiff.any GmbH, Berlin
Druck: Kösel, Krugzell

Einzelbestellung:
Stiftung Warentest
Tel. 0180 5/00 24 67
Fax 0180 5/00 24 68
(je 14 Cent pro Minute aus dem Festnetz, maximal 42 Cent pro Minute aus dem Mobilfunknetz)
www.test.de/shop

ISBN: 978-3-86851-039-3